AF464488

CONSIDÉRATIONS

SUR

L'INTERNATIONALE

ABBEVILLE

IMPRIMERIE BRIEZ, C. PAILLART ET RETAUX.

CONSIDÉRATIONS

SUR

L'INTERNATIONALE

FORME NOUVELLE

DE L'ANCIEN ANTAGONISME ENTRE LES RICHES ET LES PAUVRES

PAR

C. M. CURCI D. C. D. G.

TRADUITES DE L'ITALIEN

PAR

Le Comte Gabriel DE CAIX DE SAINT-AYMOUR

Chevalier de l'ordre de Pie IX. Camérier secret de Sa Sainteté

ET SUIVIES DE LA

PROMULGATION DE LA LOI SUR L'INTERNATIONALE EN FRANCE

Nunc judicium est mundi
Joan. XII, 31.

PARIS

BRAY ET RETAUX, LIBRAIRES-EDITEURS,

82, RUE BONAPARTE, 82

1872

de la loi. Les écrivains ne doivent pas se proposer exclusivement de provoquer les rigueurs de la justice contre l'*Internationale*, ils doivent encore attirer l'attention publique sur cette forme nouvelle d'une ancienne plaie sociale. Les considérations auxquelles ils se livrent seraient également opportunes, alors même qu'un miracle aurait fait disparaître cette association du monde entier.

La lecture des premières pages prouvera suffisamment que l'étude relative à l'*Internationale* n'est pas sans objet ; c'est une de celles qui concernent les conditions actuelles de la société. Il n'en est aucune, en effet, qui ouvre de plus vastes horizons, et qui soit plus féconde en enseignements utiles. On verra par quelle voie cette société en est arrivée au point de ne plus pouvoir avancer ; ce qui la conduit fatalement à un retour inévitable et prochain. Ajoutons enfin que cette étude, en faisant jaillir sur le présent les lumières du passé, peut ainsi en quelque sorte nous révéler les secrets de l'avenir.

TABLE

—

INTRODUCTION

—

IMPORTANCE DU SUJET, MOTIF DE LE TRAITER, MOYEN D'Y PARVENIR.

Si l'*Internationale* n'eût été qu'une de ces sectes vulgaires ayant un caractère politique et apparaissant périodiquement pour tomber ensuite dans la poussière d'où elles sont sorties, il ne faudrait peut-être pas s'en préoccuper outre mesure. Mais cette nouvelle ligue et association a des affinités avec le *Socialisme* et le *Communisme*. C'est grâce à eux qu'elle remonte à un antagonisme plus ancien dans le monde et plus universel que ces deux systèmes. On peut l'appeler une synthèse qui, depuis cent ans, a amené en Europe la destruction des ordres religieux, sur lesquels étaient établies les sociétés civiles, depuis plus de dix siècles.

Ces considérations ne me paraîtraient pas suffisantes pour me déterminer à écrire cette brochure, mais l'*Internationale* n'est pas seulement une synthèse du passé, elle est encore une *prothèse*, si je puis donner ce nom à une prédiction de l'avenir. Qui, dès lors, ne regarderait pas ce sujet comme très-important et très-digne à tous égards de fixer l'attention générale? Il contient en lui pour l'avenir des points de vue qui touchent d'assez près à la patrie, à la famille, à la fortune, et enfin à l'existence de la société. Cette dernière, malgré tous ses torts, a néanmoins des titres nombreux et incontestables à notre affection. Selon moi, la certitude de rencontrer ici quelque pronostic plus ou moins probable des événements futurs piquera vivement la curiosité du lecteur. Il sera poussé par le désir bien naturel aux hommes de voir le présent avec indifférence et de jeter des regards avides sur l'avenir. De plus, les afflictions qui accablent maintenant les honnêtes gens, et les craintes qu'ils conçoivent pour des temps ultérieurs, ne leur permettent pas de résister (et qui pourrait leur reprocher?) au désir d'être éclairés, afin de connaître, au moins avec vraisemblance, si l'on en sortira, à quelle époque et de quelle manière. Ces prévisions ou plutôt ces conjectures, qui ont trait aux événements futurs, nous engagent à bien nous entendre avec le lecteur, parce que, sur ce point, j'ai des idées qui me sont particulières et qui, par cela même, me semblent bonnes. Je le déclare tout simplement, et j'espère ne pas être seul de cet avis.

Et tout d'abord, j'ai peu de confiance dans les nouvelles données par les journalistes, et dans celles qu'on recueille, convaincu qu'elles renferment de très-grands secrets, de personnages dignes de foi, voire même de ministres et de diplomates. J'aurais assisté à l'entrevue des deux Empereurs, à Gastein ; j'aurais été témoin des pourparlers de Bismark et de Beust, à Salsburg : je ne m'en croirais pas pour cela plus avancé. Je connaîtrais la volonté de ces deux potentats, les rêves de leurs ministres ; mais, quant à ce qui adviendra, eux-mêmes n'en savent absolument rien. La connaissance détaillée de tous les subterfuges de la politique des *Tuileries*, au mois de juin de l'année 1870, aurait-elle pu en faire prévoir les déplorables conséquences? Qui se serait imaginé que ce palais des *Tuileries* serait aujourd'hui réduit en cendres, et que son impérial habitant, qui avait traîtreusement fait déposséder et exiler tant de Princes, aurait été dépossédé et exilé à son tour, sans avoir, comme eux, emporté les regrets et l'estime de ses sujets ?

Si les nouvelles données par les journaux m'inspirent peu de confiance, je ne crois pas davantage aux prophéties, quand je n'ai pas la certitude qu'elles ont Dieu pour auteur. Dieu seul, en effet, soit par lui-même, soit par son Église, soit par un miracle, peut communiquer à ces prophéties ce degré d'authenticité. Toutes celles qui ont été mises en circulation dans ces dernières années, et auxquelles les événements sont venus donner un éclatant démenti, n'ajoutent pas un grand prix à la réserve que je fais ici. On n'en continue pas moins cependant à en propager avec une persistance qui fait honneur au zèle du propagateur, mais qui n'honore pas également le bon sens de celui qui y ajoute foi. Quoi qu'il en soit, tous les deux ont pour effet de prouver combien est ferme et universelle la persuasion que Dieu, dont l'œil pénètre tous les secrets, dégage quelquefois des événements futurs le voile épais qui les dérobe à nos regards.

Par la raison contraire, les promesses véritablement

divines, par cela seul qu'elles sont de la dernière évidence, ont toujours été pour moi un avertissement. Je n'ai pas voulu me laisser séduire par cette ancienne passion sophistique, toujours prête à les reculer au delà des limites que Dieu même a posées dans la Révélation, suivant que cette Révélation nous est proposée par l'Église, son unique interprète. Exagération arbitraire qui, se trompant dans l'appréciation du fait, ne manquerait pas de provoquer les sarcasmes de l'incrédule et les scandales des simples d'esprit. La négligence d'une telle précaution explique peut-être cette sécurité téméraire, rêve de quelques cerveaux qui s'imaginent que ce passé est indispensable à l'Église ; ne voyant absolument rien en dehors de lui, ils ne peuvent dans leurs prévisions faire abstraction de leurs souvenirs. Dieu, pour accomplir ses promesses et faire triompher son Église, par la sanctification de ses élus, n'est pas tenu de conformer les événements futurs à nos réminiscences passées. Si tous les gens de bien étaient persuadés de cette vérité, ils s'appliqueraient entièrement à faire le mieux possible dans les nouvelles conditions où ils se trouvent, conditions qu'ils n'ont ni amenées, ni approuvées, mais que Dieu a permises bien qu'il pût les empêcher. Ils ne se consumeraient pas en vain à attendre une révolution incertaine, et qui, arrivât-elle, ne serait pas, à coup sûr, conforme à leurs désirs. Même, dans ce dernier cas, ils ne perdraient rien, gagneraient beaucoup, puisque le bien qu'ils auraient fait n'en serait pas moins accompli. La foi et l'espérance doivent nous persuader, plus que tout autre motif, que nous sommes enclins à éviter les embarras de l'avenir, et à nous prémunir contre les incertitudes et les risques des tentatives.

Nous laissons de côté les nouvelles politiques aussi bien que les prophéties ; et nous ne touchons pas, à cause de la suprême vénération que nous avons pour les promesses divines, au seul moyen raisonnable et digne que nous ayons pour prévoir l'avenir avec quelque vraisemblance. Ce moyen consiste à le lire attentivement dans le présent qui, dans la marche lente et habituelle des choses, fait acquérir cette connaissance supérieure que Saint Thomas appelle dans les causes et par les causes, *in causis et per causas*. Cette connaissance procédant des effets produits par des causes libres, on peut avoir une certitude égale à sa supériorité. Cependant, selon la remarque du même Docteur, quand on appuie ses investigations non sur des causes libres prises isolément, mais sur leur ensemble d'où l'on tire des déductions pour former des conjectures, alors on trouve ces mêmes conjectures d'autant plus probables que les hommes suivent plutôt leurs penchants qu'ils ne leur résistent. Pour conjecturer de cette manière, il faut avoir une connaissance certaine des causes, en bien saisir l'enchaînement et la connexité. Lorsque ces conditions se trouvent réalisées en tous points, et que l'ouvrage est conduit avec diligence et bonne foi, on obtient un succès qui ne sera jamais à dédaigner.

Prenant pour règle cette ligne de conduite, j'ai publié l'an dernier une brochure intitulée : *La caduta di Roma per le armi italiane* (1) ; je n'ai aucun motif de me repentir

(1) La caduta di Roma per le armi Italiane. — Considerata nelle sue cagioni et nei suoi effetti. Firenze : in-8, pagg. 112.

des conjectures que j'y ai faites. Combien j'ai dû regretter les plaintes formées contre moi par des hommes qui, s'appuyant sur les indices que j'ai dit ne pas avoir mes préférences, ne supportaient pas le moindre doute sur le rétablissement des affaires de Rome, en deux ou trois mois. Si, dans ces circonstances, l'*oiseau de mauvais augure* a eu quelque tort, c'est assurément d'avoir auguré d'une manière exacte et d'avoir entrevu les événements par leur côté véritable. Daniel aurait pu lire, pour la France redevenue impériale, le *Mane, Thecel, Phares*, dans ces dithyrambes fastueux de puissance, de richesse et de prospérité qu'elle a entendus pendant plus de vingt ans. Je ne saurais dire s'ils ont provoqué chez elle plus d'ivresse que d'assoupissement? Et quand bien même on aurait pu prévoir ces désastres inouis, eut-il été possible de deviner le peu de fruit qu'on en aurait recueilli ? Qui, dans ces moments suprêmes, où cette noble nation pouvait racheter par un avenir brillant et certain un passé plein de malheurs et de honte, aurait deviné que ses destinées seraient tombées entre les mains d'un doctrinaire sans principes, d'un vieillard en qui l'âge a émoussé tant soit peu l'énergie sans fortifier la sagesse ? Toutefois, ces tristes résultats étaient assurément renfermés dans les causes qui les ont fait naître; en sorte qu'un esprit plus clairvoyant aurait pu sans peine suivre la marche des événements.

Si dans cette brochure, au moins pour la partie négative, je ne me suis pas trompé, précisément parce que j'ai tenu compte des causes, je pourrais aussi suivre la même méthode qui consiste, non pas dans des démonstrations mathémathiques, mais dans des raisonnements ayant pour objet les tendances et les opérations morales. En supposant que dans les conséquences plus ou moins éloignées je n'eusse pas toujours visé au but, je n'aurais pas perdu mon temps en étudiant les déplorables extrémités auxquelles la société moderne a été conduite par ses régénérateurs; extrémités d'autant plus déplorables qu'elle y était fatalement poussée par suite des mêmes raisons. Si Dieu, nous l'en supplions et nous le pensons, intervient pour ainsi dire *ex machina*, afin de sauver les nations chrétiennes d'un cataclysme inévitable ; s'il emploie quelqu'un de ces moyens qui n'entrent pas dans les prévisions humaines par cela même qu'ils ne suivent pas la marche habituelle des causes ordinaires, alors l'étude approfondie de leur nature intime servira précisément pour rendre plus palpable l'intervention divine. Pour être sûr qu'une guérison a été vraiment miraculeuse, il faut que les médecins examinent sérieusement la nature et la gravité de la maladie, la qualité des remèdes à employer, et affirment que tous les moyens naturels auraient été impuissants à cet effet. Je voudrais, dans ces quelques pages, établir une semblable *diagnostique sociale*, pour connaître la nature, mesurer la force, et montrer les phases probables de la terrible maladie qui nous ronge aujourd'hui, pour conclure si la société a en elle-même les éléments capables de lui rendre la vie.

Ce travail me prouve que l'*Internationale* arrive à merveille pour nous représenter d'un côté la dernière expression de l'état moral auquel l'Europe moderne a été conduite depuis quatre-vingts ans, de négations, de séductions, d'erreurs, de fautes et de destructions sans nombre et sans nom ; et pour s'offrir elle-même d'un autre côté comme *nouvelle forme de l'ancien Antagonisme entre les riches et les pauvres*. Elle peut nous montrer le degré de paroxysme auquel la soif de l'or est montée de nos jours : passion suprême entre toutes, qui étreint le cœur de l'homme et le travaille sans relâche.

Le premier, le plus grand résultat de la Révolution française de 1789, et qui en détermina toute la suite, fut l'avènement au pouvoir du Tiers-État, quand à Versailles, *au Jeu de Paume*, la Noblesse et le Clergé firent sur l'autel de la Patrie, avec une condescendance si aveugle et si insensée, le sacrifice de leurs priviléges. Et cela, parce que la Bourgeoisie voltairienne s'empara du pouvoir et leur témoigna cette reconnaissance que tout le monde sait. Les classes ouvrières qui font partie de l'*Internationale*, si bien en rapport avec les nouveaux systèmes, proclament que leur tour est venu, que la domination du monde leur appartient désormais. La Bourgeoisie qu'elles appellent, non sans raison, *décrépite* et *corrompue*, n'a plus, selon elles, qu'à se retirer de la scène. Non contentes de le dire, elles appuient leur langage d'une série de motifs captieux et injustes, qui exercent sur les esprits vulgaires un prestige irrésistible, grâce à l'habileté avec laquelle ces motifs sont présentés et aux quelques vérités qu'ils renferment ; grâce surtout au concours que ces classes reçoivent et aux passions qu'elles exploitent. Ces esprits sont toujours aveugles, privés qu'ils sont d'une autre lumière supérieure, et ne prenant pour guide que celle où s'égare leur raison.

Ce qui fait de l'*Internationale* une étude très-élevée et très-intéressante, c'est qu'elle ne s'exprime pas d'une manière explicite ; et pour connaître ses intentions, il faut voir quelle est sa ligne de conduite. L'Europe entière a pu voir facilement à l'œuvre cette secte ou société, quelle que soit la dénomination qu'elle prenne, dans la *Commune* de *Paris* qui, pendant deux longs mois, a été maîtresse de cette ville. Elle a pu se convaincre que l'*Internationale*, aussi bien que le *Communisme* en 1848, n'est pas une fantasmagorie de cléricaux ou un épouvantail de rétrogrades, mais une association vivante, puissante et agissant partout. Pour trouver quelques points de comparaison à ces *agissements*, il faut remonter aux invasions des barbares, aux temps des Huns, des Ostrogoths et des Vandales. Les panégyristes fanatiques de cette exquise civilisation moderne qui doit, selon eux, faire disparaître les guerres de ce monde, ces hommes habiles, qu'ont-ils dû penser avant ces batailles qui se sont livrées dans les plaines de la Lombardie, entre les montagnes de la Bohême et les vallées du Rhin ? Ces guerres, en douze ans, ont fait plus de victimes que les siècles barbares en cent vingt. Ces panégyristes ont dû être singulièrement surpris en voyant qu'au sein même de la civilisation, et précisément au milieu de cette capitale qui en était le centre, des monstres, dont un seul aurait suffi, aux temps de la barbarie, pour consterner tout un peuple, se sont levés comme par enchantement et par centaine de mille pour assassiner, incendier et piller, poussés par la seule rage de l'incendie, du pillage et de l'assassinat.

En 1850, dans une Ephéméride qui parut alors pour la

première fois et qui vit encore, je publiai un petit travail sur cette matière. Je mis en scène un *Socialiste* qui expose ses griefs contre la société par la quelle il se dit opprimé. Il y fait un exposé de ses vues, exhale sa bile et proclame ses projets de vengeance. Je me suis tenu aussi fidèlement que possible à la vérité de l'argument. Pendant les deux années précédentes, j'avais examiné la question à Paris même, au milieu du grand mouvement socialiste ; j'avais craint alors, je l'avoue, d'avoir un peu exagéré les conclusions. Ce qui achevait de me confirmer dans cette idée, ce fut d'entendre un de mes amis dire que mes assertions étaient de pures *fictions poëtiques*. Cette critique pouvait être fondée, si l'on entend par fictions ce qui imite le vrai pour former la vraisemblable, déduit lui-même de la nature intime, nécessaire et invariable des hommes et des choses. Il résulte, suivant Aristote, qu'il faut pour le poëte plus de philosophie que pour l'historien. Celui-ci raconte *ce qui a été* ; celui-là pour *imaginer ce qui doit être* a besoin de mieux approfondir la raison et l'essence même de son sujet. Ai-je bien fait, je l'ignore ; mais, vu les actes de la *Commune de Paris*, si on lit cet écrit là, malgré l'ennui qu'il peut provoquer, on verra que mon *Socialiste* n'assimile pas à ces feintes fureurs les vrais faits et gestes de l'*Internationale*; mais que certainement il ne se proposait rien de plus mauvais. L'histoire, en ce cas, a justifié la poésie.

Comme le lecteur peut s'en apercevoir, les démonstrations intrinsèques abondent, pour l'examen approfondi du mal, et en pressentir la marche et le résultat final ; les démonstrations extrinsèques ne sont pas moins nombreuses pour indiquer les remèdes que la société peut puiser dans son sein, je ne dirai pas pour le dissimuler, mais pour en ralentir au moins les progrès, et en diminuer la puissance. Cette dernière considération me conduirait à examiner quelle devrait être la ligne de conduite adoptée par les gens de bien dans l'intérêt général. En Italie, ils ne prennent aucune part à la gestion des affaires publiques ; il ne leur reste donc qu'à prier et à gémir sur de semblables malheurs. Ils peuvent encore par des moyens indirects prémunir contre cette contagion les gens simples qui n'en sont pas encore atteints, et dont la classe, Dieu merci, est encore la plus nombreuse. L'imprudente incrédulité que quelques gens de bien affectent à cet égard, la négligence de certains autres, la réserve injustifiable d'un grand nombre, sont une preuve incontestable que ces devoirs ne sont pas remplis par tous. Les Gouvernements qui ont pour principale mission de défendre la société, pourraient peut-être encore exercer une certaine influence. Mais leur lenteur, leur mollesse, leur indécision et leur crainte, soit pour prévenir, soit pour réprimer les excès de l'*Internationale*, font voir que s'ils en professent les principes, ils contribuent à son développement et ne sont nullement préparés pour l'extirper ou pour l'enchaîner. De tout cela on peut conclure que le temps n'est pas éloigné où Dieu, pour châtier le monde, frappe d'aveuglement les prétendus sages et les empêche par là de prévoir le danger et de se prémunir contre lui. S'il est vrai que le *nunc judicium est mundi* est évident, et que cette fois le monde s'est jugé lui-même, Dieu n'a donc qu'à se retirer pour le plonger dans l'abîme.

Je prie le lecteur de ne pas voir tout en noir dans ces pages, bien que de la part des hommes il n'y ait rien qui puisse inspirer la moindre confiance. Je ne puis pas (et qui le pourrait?) promettre que Dieu interviendra, mais l'examen des causes naturelles justifie notre espérance. Dieu, pour intervenir, attend de nous ce filial et fidèle abandon par lequel, n'ayant plus rien à attendre des hommes, nous fondons en lui seul toutes nos espérances. Dans une semblable situation, selon la remarque de Saint Augustin, la seule cause qui amène quelquefois notre chute, c'est de trop compter sur les appuis périssables. *Sola potuit esse causa pereundi, custodes habere voluisse perituros* (1).

(1) *De Civit Dei*, lib. I, cap. 3.

CONSIDÉRATIONS

SUR

L'INTERNATIONALE

CHAPITRE PREMIER

Définition et prétentions de l'Internationale

Que faut-il entendre par cette nouvelle secte ou association? Ce fut à Londres que le premier projet s'en forma, en 1862, à l'occasion de l'*Exposition universelle*. Des ouvriers s'y rendirent en grand nombre de toutes les parties de l'Europe, et surtout des pays manufacturiers. Ils purent alors communiquer entre eux tout à leur aise, présenter leurs griefs et les réclamations de leurs commettants, lever les difficultés et statuer sur les conditions d'admission. L'*Internationale* fut la principale sinon l'unique condition. Bien que n'agissant que pour ses intérêts, cette association a des affinités avec la franc-maçonnerie. Monseigneur de Montpellier, évêque de Liége, dans une lettre pastorale, pleine de bon sens et de verve, qu'il publia dernièrement à ce sujet, affirme que l'*Internationale* constitue pour le moment la partie extrinsèque de la franc-maçonnerie inférieure, attendu qu'il en existe une supérieure, divisée elle-même en deux grandes branches :

l'*acromatique*, comme disaient les anciens philosophes, et l'*ésotérique*. Quoique le premier projet parût en 1862, sa fondation formelle n'eut lieu que deux ans plus tard, précisément le 28 septembre 1864, à Londres, dans *Saint-Martins-Hall*. Le premier *Conseil général* ne fut nommé que deux années après, au premier Congrès qui se tint en 1866. De sorte que l'*Internationale*, à partir de l'époque de sa complète formation, ne remonte pas au delà de cinq ans.

Il paraît étrange qu'une si vaste corporation ait pu se former en si peu de temps. Ce n'est pas ce qui arrive soit dans la nature, soit dans l'art, soit, à un autre point de vue, dans les choses morales. En effet, une grande lenteur préside presque toujours aux grandes formations ; tant il est vrai que l'étendue dans l'espace est aussi indispensable que la durée dans le temps. Il faut observer que l'*Internationale* n'est pas une société de création récente, mais bien plutôt une forme nouvelle introduite dans une matière déjà préexistante. Dans les générations naturelles l'opération de l'agent principal consiste presque entièrement dans la disposition de la matière à recevoir la forme qu'on y veut introduire ; c'est un travail lent et prolixe. Cette opération terminée, la forme s'y montre pour ainsi dire à chaque instant, de manière à faire supposer que la matière germe d'elle-même. Cette nouvelle institution n'eut qu'à s'emparer des éléments qu'elle trouvait tout prêts et en grand nombre dans les différentes contrées de l'Europe. Elle en modifia la constitution et leur imposa une qualification différente ; c'était moins pour atteindre un nouveau but que pour donner une explication plus étendue et faire naître la fraternisation entre les peuples, *inter nationes*. Elle laissa donc la substance de la chose telle qu'elle était il y a plusieurs années.

Vers la fin du règne de Charles X, ou plutôt sous

Louis-Philippe, elle commença à se répandre en France, avec le retentissement que les choses y ont nécessairement dans les autres parties de l'Europe. Pour reconstituer le monde, les réformes civiles et politiques ne lui suffisaient pas; il lui fallait à toutes forces des réformes *sociales*, capables de réformer la société de fond en comble. La principale entre toutes était la *Religion* appelée fable, la *Propriété* qualifiée de vol, et la *Famille* condamnée comme abus; il s'en suivait que la société de l'avenir devait se fonder sur une communauté de biens et de femmes; et comme corollaire naturel, on demandait qu'une telle société existât sans Dieu.

Un pareil système (si toutefois on peut donner ce nom à une conception aussi insensée qu'impie) pour viser à refaire la *société* humaine, fut appelé *Socialisme*, et celui qui consistait à mettre tout en commun fut appelé *Communisme*. Ce ne sont là que des utopies, fruits de cerveaux malades et de cœurs corrompus. En 1848, cette secte comptait de nombreux adhérents et était pourvue d'argent, au point de disputer, à Paris pendant trois jours d'une lutte désespérée, la victoire aux armées de la République, conduites par Cavaignac; lutte meurtrière qui coûta la vie à treize généraux, sans parler des autres. Durant les vingt-deux années suivantes, cette secte reçut toute espèce de secours, de facilités, d'excitations, comme je le démontrerai plus loin. Elle put se développer, se fortifier et se discipliner. Lorsqu'on transforma ou pour mieux dire, lorsqu'on organisa le *Socialisme* et le *Communisme* en *Internationale*, cette secte est devenue si puissante, d'après les témoignages d'écrivains dignes de foi, qu'elle compte aujourd'hui trois millions de membres seulement en France, et dix dans le reste de l'Europe.

Savoir quelles sont les prétentions de cette société, c'est en connaître la nature; ce qui peut ainsi s'obtenir.

Les actions morales, aussi bien que les institutions morales, *se spécifient*, c'est-à-dire atteignent le but auquel elles tendent par leur création ; c'est ce but seul qui en fournit une pleine et entière connaissance. Les considérations générales qui ont été présentées ne sauraient suffire, parce qu'elles sont trop générales ; d'un autre côté, nous ne pourrions nous contenter de si peu, puisque nous possédons le moyen d'avoir plus tard des connaissances plus spéciales et plus étendues ; d'ailleurs, pour le moment on ne demande que le but de notre brochure. Revêtue de sa nouvelle forme et de sa nouvelle dénomination, cette secte se sent assez de force, elle marche prudemment dans les ténèbres, se montre à visage découvert, ne s'entoure d'aucun mystère, et proclame au grand jour ses intentions. Elle a des journaux en Angleterre, en France, en Allemagne, en Belgique, en Suisse, en Italie. On y peut lire ses *Programmes*, ses *Circulaires*, ses *Instructions* et jusqu'aux *Actes* de ses *Congrès Généraux* et *Particuliers*. Ces documents et les révélations résultant des divers procès faits à quelques-uns de ses membres, ont fourni de nombreuses informations dont la compilation a servi à des ouvrages remarquables. Tels sont ceux de Claude Jeannet (1) et d'Oscar Testut (2) tous deux avocats, l'un à Aix, l'autre à Lyon. Je les ai consultés ici pour les faits et les dates.

Si j'avais l'intention de présenter au lecteur des renseignements nouveaux sur l'*Internationale*, je n'aurais qu'à puiser dans les documents et les écrits cités plus haut ; mais je me suis proposé de lui offrir non pas de simples connaissances, mais des considérations sur cette association. Il me suffira de son existence, de ses intentions et de

(1) L'*Internationale et la Question sociale*, par Claude Jeannet, avocat à la cour d'Aix. — Paris, juin 1871.

(2) L'*Association internationale des Travailleurs*, par Oscar Testut, avocat à la cour de Lyon. — Lyon 1871.

ses *agissements* pour dire en quelques mots ce qui fera le sujet des chapitres suivants.

Il nous suffira peut-être de nous en tenir au préambule, placé en tête du *Programme officiel* de l'association, discuté et établi dans sa première constitution, au mois de septembre 1866. Il s'exprime ainsi : « Considérant que « l'émancipation *des travailleurs* doit être l'œuvre des « travailleurs eux-mêmes ; que l'assujettissement des tra- « vailleurs au capital est la source de tout esclavage poli- « tique, moral et matériel ; que, par conséquent, l'éman- « cipation économique des travailleurs est le grand but « auquel doit être subordonné tout mouvement politique ; « pour ces raisons : Art. 1er. Est établie une asso- « ciation... dont le but est d'obtenir l'affranchissement « complet de la classe ouvrière. Art. 2. Le nom de « cette association sera : *Association internationale des « travailleurs.* » La préférence donnée au mot très-étendu de *travailleurs* sur la dénomination plus restreinte d'*ouvriers*, que l'usage a transmis à ceux qui s'occupent des arts mécaniques, indique suffisamment que les agriculteurs eux-mêmes doivent être compris dans cette émancipation désirée. S'il y avait doute à cet égard, on n'aurait qu'à consulter la délibération qui fut prise au Congrès général tenu à Bâle en 1869. Les deux articles suivants furent discutés et approuvés à une majorité de 54 voix sur 58 votants. « I. La Société a le droit d'abolir la propriété indi- « viduelle du sol et d'en investir la Communauté. II. Il « est nécessaire de faire rentrer cette propriété dans la « propriété collective. »

Après ce vote, on discuta d'autres projets et propositions qui, à quelques exceptions près, obtinrent les applaudissements de toute l'assemblée. « Tout propriétaire, « suivant Tartaret, qui veut louer à un autre un fonds de « terre, déclare par cela même qu'il n'en a pas besoin, et

« doit donc en être *exproprié.* » « Je demande, dit le « Russe Bakounine, *la liquidation sociale;* et par *liquidation sociale*, j'entends l'*expropriation* de tous les pro- « priétaires. » Ces projets ne diffèrent pas sensiblement de ceux qui ont été discutés naguère au Congrès de l'*Internationale*, tenu à Valence, en Espagne.

Nous connaissons les prétentions de l'*Internationale*, nous savons par quels moyens elle s'imagine atteindre le but qu'elle se propose ; quoiqu'elle ne le dise pas ouvertement, la qualité du but même, et les voies détournées qu'elle emploie et dont on ne pourrait pas faire usage, l'indiquent suffisamment. Au Congrès tenu à Genève en 1868, on établit deux points qui méritent d'être notés. Le premier est que l'*expropriation universelle ne peut avoir lieu que par la force*, ce qui est parfaitement logique. Qui ne sait (et qui pourrait jamais l'ignorer ?) combien est puissant le sentiment du droit à conserver sa propriété, et à ne pas laisser ravir ce qui constitue ses ressources, ses richesses, et celles de sa famille ? On ne céderait donc que devant une force majeure, irrésistible, et encore ne serait-ce pas pour toujours, ni de bon gré. D'un autre côté, il ne peut être question ici de cette force qu'emploient les brigands, dans les campagnes, lorsqu'ils pillent des maisons isolées et sans défense ; il ne s'agit même pas de celle dont se servent, dans les villes, les voleurs de nuit, qui tenant le poignard sur la gorge du gentilhomme, lui demandent la bourse ou la vie. Ces *moyens d'expropriation* ont l'inconvénient d'être trop lents à raison des mesures particulières qu'ils nécessitent, et d'être toujours réprouvés par les sociétés civilisées et même par les gouvernements libéraux qui font encore condamner aux galères, par leurs tribunaux, les assassins et les voleurs.

Pour obvier à ces deux inconvénients, l'*Internationale*, au Congrès de Genève, ajouta un second moyen à celui de la force. Elle établit que le *pouvoir gouvernemental doit passer des mains des capitalistes et des propriétaires fonciers dans celles des travailleurs*. Cela obtenu, tout serait fini, et l'*expropriation universelle* s'effectuerait avec une rapidité prodigieuse, une légalité et une justice qui placeraient nos sociétés civiles et nos gouvernements libéraux dans l'impossibilité de rien objecter. N'est-il pas vrai que ces sociétés et ces gouvernements, abjurant tout projet d'équité absolue, s'accordent à proclamer la justice de la loi, uniquement parce qu'elle émane de la volonté du peuple, seul souverain ou plutôt source exclusive de la souveraineté ? Pour quel autre motif, sinon pour celui-ci, déployèrent-ils tant de courage dans l'*expropriation* du Souverain Pontife, de l'Église, des Princes et des Établissements de bienfaisance? Pour quel autre motif, sinon pour celui-ci, ont-ils écrasé les simples particuliers par un système d'impôts aussi exorbitant qu'on pourrait regarder comme le prélude d'une véritable *expropriation universelle?* Nous verrons que cette *précieuse conquête* de 89, l'orgueil et la force des gouvernements actuels, doit perdre toute valeur, parce qu'au lieu de remplir leurs bourses, elle menace de les vider. Une apparence de justice ne manque pas dans la volonté de mieux répartir les profits de l'industrie entre les deux agents de la richesse : le travail d'une part et le capital ou le sol de l'autre, comme le veulent les plus prudents. C'est ce que nous verrons dans la suite. Je n'ajouterai qu'un mot au sujet de la réalité de semblables prétentions, quant aux desseins et à la manière de les exécuter.

Il y a une trentaine d'années, ces choses auraient été qualifiées de mélancoliques et de rétrogrades : on les aurait attribuées sans difficulté à une secte imaginaire pour avoir un motif d'effrayer ceux qui avaient confiance, et plus encore ceux qui avaient peur. A peine aurait-on pu les supposer écloses dans quelques rares cerveaux vertigineux; c'est ainsi qu'en jugeaient quelques gouvernements auxquels on représentait ce péril social comme imminent. Les *Actes Pontificaux* des dernières années de Grégoire XVI, et tous ceux de Pie IX, contiennent de nombreux avertissements sur cette catastrophe universelle amenée par les nouvelles doctrines et les nouveaux systèmes, avec la connivence de la société. Quel avantage en a-t-on retiré? Nous en sommes toujours au même point, car on ne veut pas croire à une calamité prochaine, pour se soustraire au tourment de la peur et à la difficulté de prendre des résolutions. Nous avons vu quelles larmes et quels flots de sang a valus cette apparente sécurité, chez une autre nation dont les malheurs devraient nous instruire. Il est à craindre que ces malheurs ne lui soient d'aucune utilité.

Il ne paraît pas, pour le moment, qu'on puisse en douter. Il ne suffit pas de travailler, bien que le travail soit l'unique preuve de l'existence ; chez les vivants, il se révèle par un mouvement procédant *ab intrinseco*. Qu'a-t-on vu du *Communisme* à Paris, en 1848 ? Que vit-on de l'*Internationale*, vers le milieu de l'année dernière ?

Il faudrait en vérité être aveugle pour mettre en doute son existence, ses ramifications, sa puissance et ses prétentions pleines de fermeté et d'arrogance. Elle s'est emparée du Pouvoir Souverain dans la grande Capitale de la France, l'a retenu deux longs mois, résistant à de nombreuses armées. Pendant ce temps, elle a publié des décrets, promulgué des lois, imposé des contributions, créé des impôts, battu monnaie, tenté enfin d'entamer des relations diplomatiques avec les autres Puissances, se considérant elle-même comme une vraie Puissance. Quant aux procédés féroces et arbitraires, elle a tué des hommes, détruit des monuments, incendié des édifices, ce que certainement n'auraient pas fait les Prussiens, s'ils eussent pris Paris d'assaut. Une prépondérance moins disputée et plus longue aurait sans aucun doute reproduit ce néfaste 93, justement appelé la *Terreur*. Les dignes héritiers de cette époque ne l'ont jamais réprouvée et condamnée comme elle le mérite, se déclarant toujours suffisamment prêts à la reproduire et à la surpasser. Les victimes désignées à ces fureurs le savent par expérience ; mais soit consternation, soit frayeur, soit négligence, elles regardent et attendent !

Pendant le temps que durèrent la domination et la défense de la *Commune*, dont firent partie presque exclusivement les forces parisiennes, l'élite de la société française et européenne ne se sentit pas la force ou ne jugea pas le temps opportun pour entrer en lutte avec elle ; on peut se demander dès lors ce qui arriverait dans le cas où reparaîtrait une nouvelle *Commune* plus nombreuse, plus expérimentée, plus disciplinée, et par cela même plus audacieuse. On verrait que les chômages et les incendies aussi fréquents que considérables, dont cette association trouble l'Europe, n'étaient que des ballons d'essai pour la grande lutte qui se prépare. Plaise à Dieu qu'ils servent au moins d'*avertissements* salutaires !

Je chercherai plus loin quels moyens de défense la société peut espérer de la part de ceux qui ont en main ses destinées. Il n'y a guère de motifs d'espérer beaucoup.

Quoi qu'il en soit, si l'on a bien compris *ce qu'est et ce que prétend l'Internationale*, on verra que son existence, alors même qu'elle ne serait pas aussi visible ni aussi palpable, pourrait encore facilement se déduire de la raison intrinsèque et nécessaire. Elle est, parce qu'elle devait être.

CHAPITRE DEUXIÈME

Cause intrinsèque de l'Internationale : Antagonisme entre les riches et les pauvres.

Il faut bien se garder de croire que cet antagonisme entre les riches et les pauvres soit un mal d'origine récente. C'est la réponse qu'on devrait faire à ceux qui, ne pouvant supporter la critique des temps présents, osent fonder leurs démentis sur cette considération qu'il en fut toujours ainsi, puisque les temps furent toujours à peu près les mêmes. J'en conviens, s'il ne s'agit que de la racine du mal que j'appelle ici *Cause intrinsèque*, et qui est inhérente à la nature même de l'homme et de la société humaine, disposée par la Providence. Des efforts particuliers ont été tentés dans tous les temps et dans tous lieux, pour faire croître la mauvaise herbe ; malgré cela, la société civile n'a couru aucun danger.

Ce qui appartient en propre à notre temps et qui fut inconnu aux siècles antérieurs, ce qui, du reste, est la conséquence de longues négociations, d'erreurs et de fautes, c'est que les prétentions exposées dans le Chapitre précédent ont été élevées à la hauteur d'un système, patronnées par des millions d'hommes, en Europe, et traduites en actes, quoi qu'on en dise. Mais ce qui ressort davantage et qui ne pouvait arriver qu'à la génération présente, c'est que ces mêmes prétentions sont réputées les plus conformes à la justice, suivant les idées assez rationnelles qu'on en a. Si donc la cause est ancienne, l'effet est très-nouveau ; et pour le bien connaître, il faut examiner la cause qui l'a produit.

Dans le Chapitre suivant, je rechercherai les raisons extrinsèques spéciales qui ont concouru à former une tendance aussi ancienne que le monde, pour la transformer en *Socialisme* et en *Communisme*, et de là, en *Internationale*. Dans celui-ci, j'exposerai la raison intrinsèque, universelle et perpétuelle, en vertu de laquelle un peu de *Communisme* et d'*Internationale* a toujours existé à l'état latent, c'est-à-dire en germe ou *en aspiration*. Ce motif se trouve, selon moi, dans l'*Antagonisme* entre les riches et les pauvres.

Avant tout, il est bon de savoir à qui donner cette dénomination de riche et de pauvre. Ces deux expressions ont très-souvent quelque chose de relatif, d'élastique et de variable suivant les dispositions de celui qui les emploie, et les divers termes qui servent de points de comparaison. C'est ainsi que dans une condition où un homme tempérant se croirait parfaitement à son aise, un autre, cupide, insatiable, se regarderait dans un état voisin de l'indigence ; comparé à un Crésus, celui-ci passerait pour pauvre, comparé à Irus, celui-là passerait pour riche. Cette diversité de jugement est telle ici qu'on ne peut, à mon avis, établir entre ces deux conditions une distinction qui ne laisse le champ libre aux difficultés et aux réclamations. Heureusement que cette distinction générale n'est pas nécessaire ; il suffit de bien préciser le sens des termes, objet du débat qui, se produisant pour la première fois en Europe, a fait naître l'*Internationale*. Ce qui ne sera pas difficile.

Dans l'*Internationale*, ceux qui jouent les rôles principaux et qu'on pourrait appeler la *partie active*, se composent des *travailleurs* ; reste donc l'autre partie qui se compose de tous ceux qui n'ont pas besoin de travailler. D'où il résulte qu'on peut sans inconséquence appeler pauvres tous ces hommes qui n'ont pour soutenir chaque jour leur existence que le travail de l'agriculture ou des ateliers ; en sorte que si ce travail venait à leur manquer, ils en seraient réduits à l'indigence, à la mendicité, ce qui n'est pas la même chose que la pauvreté. Nous appellerons riche celui qui, sans aucune fatigue, retire de ses capitaux ce qui convient à son rang et même le superflu. Suivant l'*Internationale*, on pourrait aussi, non sans quelque raison, ranger dans cette seconde classe tous ceux qui tirent le nécessaire et le superflu des professions libérales auxquelles ne conviendrait pas cette flétrissante et presque servile dénomination de *travail*. En effet, on ne peut guère dire que le Professeur *travaille* dans sa chaire, l'Avocat au tribunal et le Médecin au lit du malade.

Il est dit au *Livre de la Sagesse* que le *riche et le pauvre ont reçu également l'existence du Créateur*, *utriusque operator est Dominus* (1). D'où il résulte que les droits et les devoirs sur lesquels ces deux conditions se fondent, ne sont pas d'institution humaine mais d'*institution divine* qui nous les transmet par la nature. C'est là seulement qu'il faut chercher la raison même de ces conditions. Placez d'un côté le devoir que la nature impose à chaque homme de travailler pour vivre, seul moyen d'existence, vous aurez alors cette innombrable phalange des pauvres, dont nous avons déjà parlé. Mettez d'un autre côté le droit que chaque homme reçoit de la nature de s'approprier les fruits de son industrie et de son travail, de les conserver et d'en disposer à son gré, pendant sa vie ou après sa mort ; vous aurez par là déposé le germe d'une fortune considérable. Quels que soient les accroissements de cette

(1) Prov. XX. 2.

fortune, du moment qu'ils ne dépassent pas les limites de ces droits, ils n'ont rien qui répugne à la raison, et par conséquent n'encourent aucun blâme. Je sais que les membres de l'*Internationale* envisagent plus largement le devoir du travail, et pour l'imposer à ceux qui y trouvent leurs moyens d'existence, ils refusent carrément le droit de s'en approprier les fruits, de les conserver et d'en disposer. Pour moi qui parle d'eux et non comme eux, je ne saurais me hasarder à les convaincre de leurs erreurs, en leur démontrant la vérité de ce devoir et de ces droits. La suite de cet écrit fera voir au lecteur, comme nouvelle démonstration, combien sont insensés ces efforts tentés pour reconstituer le monde moral sur des bases différentes de celles que lui a données son divin Fondateur. De quel ridicule ne se couvrent pas ces pygmées qui, semblables aux vieux Titans se préparant à escalader le Ciel, croient raccourcir l'équerre et le compas dans les mains de la Providence !

Cependant, il faut bien l'avouer, la nature qui a mis ces deux conditions dans la société humaine, d'une manière irrévocable et sans possibilité de changement, a jeté par cela même entre elles un ferment de discorde qui, sans un élément puissant d'union, pourrait précipiter la société dans ce gouffre au bord duquel nous nous trouvons maintenant. Je ne vais pas chercher si dans les temps et dans les lieux où la civilisation ne faisait que commencer, les choses pouvaient aller tranquillement avec peu de biens, des besoins restreints et de faibles connaissances. Par l'effet de cette même civilisation, les esprits se fourvoient bien plus qu'ils ne suivent leur route, les talents ont plus d'orgueil que d'instruction, les besoins croissent en intensité et en nombre, les passions et les convoitises vont en augmentant ; alors il est impossible qu'il ne surgisse pas, entre les riches et les pauvres, un de ces antagonismes ou défauts d'équilibre qui, dans l'ordre physique, sont le point de départ d'épouvantables désastres et qui porteraient partout la destruction, si la nature n'avait en réserve des moyens efficaces pour rétablir l'équilibre, comme on le remarque pour l'électricité et le calorique.

Ceux que la fortune a le moins favorisés, pour ne pas dire déshérités, se sentent les mêmes besoins, éprouvent les mêmes aspirations au bien-être, convoitent les jouissances avec la même ardeur. Ils savent que les plus favorisés n'ont pas de droits supérieurs aux leurs; ils ne voient aucun mérite à ces préférences pleines de probabilité; loin de là, ils regardent la fortune comme souverainement injuste, elle qui apporte des inégalités si blessantes. Hélas! quels doivent être les sentiments de ceux qui sont *condamnés aux travaux forcés à perpétuité* pour n'en retirer qu'une modique subsistance, sans pouvoir faire autrement, sous peine de mourir de faim? Et pendant que ceux-là font bombance et se livrent, en véritables sybarites, aux délices d'une oisiveté voluptueuse! Pour eux, dissiper en luxe extravagant serait un allégement à leurs fatigues et le prélude de jouissances ardemment convoitées! jusqu'au point de ne pas savoir ce qu'ils doivent faire du superflu! Au fond de ces cœurs ulcérés, on entend toujours le retentissement puissant de cette demande: Pourquoi, pour gagner quarante sous par jour, me faut-il suer dix ou douze interminables heures sur l'enclume, le rabot ou la pioche, tandis que le Comte A, le Duc B, le Prince C et ce vilain être de D, qui n'a aucun de ces titres, ont quarante mille livres de rente par an et peut-être par mois, sans rien faire, sinon pour en avoir cinquante mille? Ce *pourquoi* trouve chez les riches des réponses aussi nombreuses que péremptoires; à plus forte raison chez les moralistes chrétiens qui, sans être riches, ont au moins l'amour de la vérité et de la justice.

Les pauvres de cette espèce ne veulent se rendre à aucune de ces raisons qu'ils ne comprennent pas, ou plutôt feignent de ne pas comprendre. Bien plus, cette inégalité dont ils ressentent si vivement les atteintes, leur paraît une injustice flagrante qu'il faut à tout prix redresser; et un poids écrasant dont ils veulent se débarrasser par tous les moyens possibles. Si leurs ancêtres ont bien pu pendant des siècles supporter en aveugles ce fardeau déshonorant, quant à eux, mieux éclairés, ils ne veulent plus subir un pareil héritage, et encore moins le transmettre avec toutes ses hontes à leurs enfants infortunés ! C'est ainsi que les vieilles rancunes, longtemps concentrées, engendrent des haines déclarées, et les ambitions refoulées dégénèrent en une soif de représailles que rien ne saurait éteindre.

Je me sers à dessein de cette expression, car vraiment, quand on eut perdu tout respect du droit et tout sentiment du devoir, cette fièvre attaqua toute la classe pauvre, en sorte que si l'on en venait à une bataille décisive, cette classe remporterait infailliblement la victoire, puisqu'elle est seule dépositaire de la force matérielle. Des hommes vigoureux, endurcis par le soleil et la fatigue, auraient facilement raison de gens énervés par l'oisiveté et les débauches de toutes sortes; de plus, ceux qui sont les plus forts, pris individuellement, sont encore les plus nombreux. Lorsque la domination du monde dut, pour son plus grand malheur, appartenir à la force matérielle, on put alors savoir auquel des deux combattants elle s'unirait : les pauvres deviendraient les seuls maîtres du monde. La supériorité numérique de ceux que la fortune a déshérités est une de ces nécessités immuables imposées par la nature et contre laquelle l'homme ne peut rien ; le mieux pour lui est donc de s'y conformer. Examinez, discutez, essayez, en un mot, tout ce que vous voudrez, la classe des pauvres sera toujours la plus nombreuse ; et promettre qu'il en peut être autrement, ce n'est pas agir en philosophe, mais en charlatan.

Le cœur de l'homme a beau convoiter les biens de la vie, il les trouvera toujours plus limités qu'il ne le voudrait. Si on les réunissait pour en faire un partage égal, chacun serait plus pauvre qu'auparavant. A présent il s'agit de choses matérielles, où, comme le dit Alighieri, *l'association fait diminuer la totalité*. En effet, on ne peut enrichir l'un sans appauvrir l'autre proportionnellement. Qu'arriverait-il si quelques-uns placés au dessus des autres accumulaient, en vertu de leurs droits et sans injustice, autant de biens matériels qu'il en suffirait à tout un peuple ? La nature fait asseoir tous ses enfants autour d'un banquet qu'elle prépare avec une grande parcimonie. Combien devraient rester dans une situation précaire, lorsqu'il y en a tant qui ont copieusement à manger ? D'un autre côté si l'on fait attention aux lois qui régissent le monde physique, on verra que pour procurer seulement l'habitation, le vêtement et la nourriture, elles requièrent le travail, plus ou moins immédiat, du plus grand nombre. Dans nos sociétés civilisées peu travaillent pour eux-mêmes, et ceux qui travaillent pour les autres, ne le font que moyennant un salaire, qui sera toujours inférieur à ce qu'il devrait être. D'où résulte cette autre raison qui fait que la majeure partie se trouve, par situation, exempte des travaux serviles.

On ne doit donc pas en conclure (pour le dire en passant) que la nature a été partiale envers quelques-uns, et marâtre envers le plus grand nombre. On doit plutôt en inférer que la condition de la plupart est réellement la plus sûre, la moins périlleuse, la mieux en harmonie avec le but de cette vie. Si quelqu'un s'imagine que cette vie est un Éden où l'on peut cumuler les plaisirs du lucre et les jouissances de la volupté, il n'a qu'à examiner comment il peut se soustraire à cette grave difficulté ainsi qu'à d'autres de même gravité, auxquelles cette hypothèse de cupides et de voluptueux est fatalement apposée. Ceux qui considèrent cette vie comme une épreuve, un noviciat, une lutte, jugeront notre conseil empreint d'une grande prudence et d'une grande charité. En effet, la majeure partie de l'espèce humaine est conduite dans une voie où la même aspérité la force à se montrer, à se perfectionner, à combattre. On ne peut expliquer comment quelques-uns pensent être privilégiés à cet égard, quand le privilége n'est qu'un essai plus rigoureux proposé au petit nombre. Si cet essai, dans l'intention de celui qui le propose, doit conduire à un but plus élevé, il est certain que la faute ou l'ignorance de celui qui l'accepte le mènerait à une ruine entière et inévitable.

Revenons maintenant au sujet de ce Chapitre. Il y a donc dans la nature de l'homme et de la société un germe fécond d'Antagonisme, pour établir une distinction entre les riches et les pauvres. Ces derniers doivent être, comme nous l'avons dit, plus robustes et plus nombreux. On peut juger de là ce qui arriverait si cet Antagonisme, plus ou moins caché, paraissait en lutte ouverte et désespérée. Ce qui précisément marque le but prochain et immédiat que se propose l'*Internationale*. Inutile de dire que les riches avec leurs richesses pourraient dans ce cas enrôler de nombreux défenseurs. Le droit du riche à conserver son bien et à en disposer comme bon lui semble doit toujours être reconnu et respecté; mais du moment que la société aurait légalement déclaré qu'il n'a plus rien en propre et que tout est en commun, les pauvres ne voudraient pas, pour défendre un étranger, gagner une petite partie de ce qu'ils croient sans injustice être *in integrum* leur propriété. J'en parlerai dans le Chapitre VI En voilà assez sur la *Cause intrinsèque de l'Internationale*.

CHAPITRE TROISIÈME

Moyens de combattre cet Antagonisme.

Le lecteur aura pu le remarquer, les conditions exposées dans le chapitre précédent ne sont particulières ni à notre temps, ni à notre pays, dans leur *cause intrinsèque*, et ne furent communes ni à tous les temps ni à tous les pays. Le pourquoi de ces conditions, prises ainsi en général, n'est pas attribuable aux *Communistes* ou aux *Internationaux*. Cette distinction de riches et de pauvres ne fut assurément pas établie par ces sectaires qui voudraient l'abolir à tout prix. Ils n'ont pas non plus disposé les choses de ce monde de manière que la classe la plus nombreuse fût composée de pauvres qui, conséquemment, sont les vrais dépositaires de la force matérielle. Enfin ils ne sont pas responsables de ces ignobles passions qui sollicitent si souvent le riche à abuser de ce qu'il a, et le pauvre à convoiter ce qu'il n'a pas. Toutes ces conditions dérivent nécessairement de la nature intime de l'homme, et de la constitution de la société à laquelle il est attaché ; en sorte que celui qui regarderait comme possible sans elles la formation du monde moral, ne serait pas plus sage que celui qui prétendrait régler les lois de la physique sans celles de la gravité, ou qui voudrait entendre avec le nez et sentir avec les oreilles.

D'un autre côté, il ne faut qu'un peu de bon sens et de réflexion, pour voir que ces mêmes conditions abandonnées à elles-mêmes, et sans aucun tempérament, ne permettraient pas à une société de se constituer. En effet, quelques-unes des qualités inhérentes à cette société provoquent la haine, et sont rejetees par des hommes qui, ayant la force en main, peuvent les détruire et tenter le renversement de cette même société. La volonté que l'homme eut de vivre en société, et non à la manière des brutes, le força de trouver moyen d'écarter cet Antagonisme qui aurait été avantageux ; au lieu d'en diminuer les résultats plus désastreux qui auraient constamment tenté et même amené la dissolution et la mort.

De ces moyens, deux seulement répondent au double état dans lequel peut se trouver le genre humain : ou avec les seuls secours de la nature, ou avec ceux de la grâce : ce qui signifie l'*état païen* et l'*état chrétien*. L'*Internationale*, il est vrai, se figure en avoir trouvé un troisième, mais il n'est pas nécessaire de le rappeler ici ou de l'examiner d'une manière particulière, puisqu'il fait l'objet principal des *Considérations* présentes. Pour bien peser la valeur de ce troisième moyen, il convient de voir attentivement les deux autres auxquels on voudrait le substituer. S'ils sont tous deux opposés entre eux, comme l'affirmation et la négation, il s'ensuivra qu'on cherchera vainement un terme moyen qui ne soit ni l'une ni l'autre ; et l'abandon du plus nouveau et du plus parfait ne peut que ramener au plus ancien, quoique défectueux et violent sous bien des rapports.

§ I.

ÉTAT PAIEN : L'ESCLAVAGE.

Pour ne pas trop m'écarter de mon sujet, je me bornerai au Paganisme gréco-romain comme étant celui que nous connaissons le mieux et que nous admirons davantage.

Nous serions très-heureux de pouvoir le prendre pour modèle dans les sciences, dans les beaux-arts, aussi bien que dans les travaux de la guerre et de la paix. Du reste, il en fut presque toujours ainsi dans toutes les sociétés ne possédant que les éléments naturels.

Il ne faut pas croire que d'autres moins civilisées et presque barbares aient été plus humaines que ces deux qui, de l'aveu de tous, atteignirent le *nec plus ultra* de la civilisation.

Le Paganisme n'est, par essence, que la justification, l'exaltation, la domination, et enfin l'apothéose de toutes les passions. Il lui était donc impossible d'écarter un Antagonisme enfanté précisément par ces mêmes passions, et bien fait pour l'aigrir et l'exciter toujours davantage. Ne pouvant néanmoins trouver un moyen qui rendît possible la vie civile, il ne se vit pas en état d'en imaginer un autre ; aussi tous ses efforts consistèrent-ils à rendre impossible l'Antagonisme lui-même, en faisant disparaître un des termes. Bien que matériellement le plus fort, il était moralement le plus faible ; c'est pour cela qu'il fut opprimé et accablé par une très-puissante institution, qui avait pour elle une longue pratique et qui était née de la guerre avec quelque apparence de justice. Il avait pour lui l'autorité des savants et l'empire des lois. Il n'y eut donc pas de conflit entre les partis rivaux ; pas même de compromis qui pût les satisfaire ; le principe en fut attaqué et presque anéanti par la plus flagrante violation qu'on puisse imaginer. Mais si le Paganisme établit la société sur une base si large et si solide qu'aucune secousse notable ne se fît sentir, ou s'il en advint une, on put facilement s'en délivrer. Toutefois, ce point, qui n'est qu'effleuré ici, a besoin d'être mis en évidence.

Toute la difficulté issue de l'Antagonisme entre le riche et le pauvre consiste donc dans l'impossibilité de vivre en paix avec tous ceux qui sont astreints aux travaux serviles, et qui ne peuvent être ni contentés, ni contenus. L'esclavage les faisait considérer comme des *choses*, suivant la rigoureuse expression du mot ; aussi l'antiquité païenne en recevait-elle tous les services dont elle avait besoin et qu'ils étaient en état de lui rendre ; on n'eut pas à redouter le moindre désordre. Celui qui a mille brebis au pâturage ou vingt bêtes de somme à l'écurie est en proie à des angoisses indicibles. Il en retire du lait, de la laine et des services de toutes sortes, quand le fourrage ne manque pas ; mais quand il vient à manquer, le maître envoie ses brebis et ses bêtes de somme à l'abattoir, pour en vendre la viande, et les fait tuer pour en vendre le cuir. Considérez que cette classe n'avait, d'après les lois, que la condition d'esclave, sans pouvoir sur ses actions, sans aucun droit sur sa famille ou sur ses biens, ni même sur sa propre existence, dont le maître disposait suivant son bon plaisir. Soumis à ses caprices cruels, il ne pouvait en obtenir pendant sa maladie les aliments dont il avait besoin.

Mais ce qu'il y avait d'effrayant dans cette institution, ce n'était pas précisément la violence exercée contre ces créatures infortunées ; c'était plutôt l'absence totale de l'esprit pour ne pas dire de sentiment ; la première sans doute était un malheur, mais la seconde était un véritable abrutissement. Et cependant c'est à ces extrémités qu'on en était venu ! Qu'une pareille situation fût amenée par la force des choses, par l'effet d'une ancienne habitude ou par l'entier obscurcissement de la conscience ; toujours est-il que les esclaves n'avaient pas le sentiment de leur dignité. On aurait pensé qu'ils se croyaient plus bêtes que ne le croyaient leurs maîtres eux-mêmes. S'égorger entre eux, et se laisser égorger pour le divertissement de leurs maîtres, était un spectacle de tous les jours et de tous les instants. Ces hécatombes ne soulevaient aucune plainte, ne provoquaient aucune opposition. L'amour de la vie et l'instinct de la conservation, si puissant dans tout ce qui respire, était complétement éteint chez ces êtres dénaturés. Ils n'opposaient aucune résistance et ne poussaient même pas les gémissements du mouton et du bœuf sous le couteau du boucher.

Je demanderai à cette classe de travailleurs, à ces pauvres qu'on flatte ou plutôt qu'on *assassine moralement*, je demanderai qu'elle possibilité d'Antagonisme il y a. Est-ce que la racine n'en est pas extirpée jusqu'aux dernières fibres dans les cœurs et dans les intelligences ? Cette idée n'y peut pas plus germer que dans le cerveau d'un singe ou d'un chien. A Rome seule, sur plus de deux millions d'habitants, on en comptait à peine vingt mille qui fussent libres; pour ce motif, on dormait tranquille, on ne craignait pas que les esclaves se soulevassent par suite des traitements barbares ou des outrages sanglants dont ils étaient l'objet. Pollion aurait été bien étonné si un esclave eût hésité à se laisser manger vif dans les viviers aux murènes, afin de les engraisser et de rendre ainsi ses soupers plus délicats. Il y eut bien sans doute quelque soulèvement, mais ces *guerres serviles* duraient peu et l'issue en était toujours prévue. Tout se réduisait en effet à retirer de ces masses stupides quelque Spartacus qui les avait excitées. Le glaive et la croix faisaient le reste.

Les excès dont nous avons parlé furent fréquents en Grèce, et à Rome même ils ne commencèrent à se multiplier qu'à l'époque de la décadence. Il faut cependant remarquer que les moralistes de l'antiquité n'eurent jamais pour ces excès-là un mot de réprobation. Une des plus nobles conceptions de la raison s'était obscurcie, et un des plus purs sentiments du cœur était devenu muet au milieu de cette orgie infâme de violence et de sang qui à cette époque de décadence était devenue la civilisation gréco-romaine. Du reste, en faisant abstraction de ces excès et en considérant l'esclavage comme une institution sociale, fondée pour rendre la société sinon tranquille du moins possible, on n'y rencontrerait peut-être pas tous ces inconvénients que nous y voyons habituellement, nous, Chrétiens, formés à une école toute différente et dirigés par d'autres principes. Je dirai même plus : en restant dans les termes de la raison et en apportant par elle à l'esclavage tous les adoucissements possibles, jusqu'à faire regarder dans les esclaves, selon la parole de Platon, *des amis infortunés* ; on devra, ce me semble, trouver dans cette institution même, une nécessité triste, douloureuse autant que vous le voulez, mais immuable, sortie de conditions imposées par la nature. Nous pensons qu'il serait beau et convenable de pouvoir nous soustraire à cette nécessité, mais quand pour y arriver on cherche un moyen pratique, la raison est impuissante, la philosophie fait entendre un langage inutile ou erroné. Retombant alors dans cette inflexible nécessité, nous y trouvons un nouvel argument en faveur de cette grande vérité que la nature, sans avoir aucun droit à la Grâce (car autrement ce ne serait plus la Grâce), l'exige d'une manière impérieuse. Privée des secours de la grâce, elle se montre faible, inhabile, embarrassée par des difficultés pour ainsi dire insurmontables. Nous en voyons autant dans l'ordre social auquel répugne l'esclavage, parce qu'il répugne à la nature ; et il serait peut-être dans l'impossibilité de se maintenir longtemps sans lui dans un état de paix et de tranquillité. Que le lecteur se persuade qu'ici ce point est capital, et peut lui fournir le moyen d'en éclaircir les principales incertitudes.

Aristote, dans ses *Livres Économiques et Politiques*, examine longuement cette question de l'esclavage. Sa doctrine peut se résumer ainsi. La plus grande partie des hommes doit constamment s'appliquer aux ouvrages matériels et mécaniques pour se nourrir, se vêtir et se loger. C'est pourquoi, d'après une disposition providentielle de la nature, ces hommes n'ont pas une capacité intellectuelle plus grande que ces travaux ne l'exigent ; et cette capacité est vraiment très-bornée. S'ils en avaient davantage, elle leur serait inutile, et nuirait aux autres sous plus d'un rapport. Ne pouvant supporter tant d'ouvrages matériels, ils aspireraient à des travaux plus élevés. Ils manqueraient du nécessaire, et concevraient de trop grandes inquiétudes au sujet des qualités qui, pour être plus nobles, ne doivent pas moins être contenues dans certaines limites. D'un autre côté, l'organe le moins délicat requis pour les longs et pénibles travaux des champs et des ateliers, donnait facilement la raison de cette pauvreté intellectuelle. L'harmonie et les convenances le voulaient ainsi.

Tous ces hommes, précisément parce qu'ils ne jouissent pas d'une intelligence suffisante, sont pour ce motif incapables de gouverner les autres et de se gouverner eux-mêmes.

Ils ont plutôt besoin d'être gouvernés aussi bien dans les affaires publiques que dans leurs affaires domestiques. Et qui pourrait les conduire, sinon cette minorité d'hommes chez qui la délicatesse d'organisme est un obstacle aux travaux matériels, et qui se trouvent mieux en état de se livrer aux travaux intellectuels et de leur donner des conseils. Dans la société, on leur confierait ces emplois qui sont plus du ressort de l'esprit que du corps, et qui tiennent plus du despotisme que du pouvoir civil. On fait cette question : pourquoi les hommes les plus clairvoyants et les plus actifs devraient-ils s'occuper de la conservation, de la direction, de la tutelle et du gouvernement de cette multitude si dépourvue de ces excellentes qualités qui font l'ornement de l'homme et qui le rendent si cher ?

Qui eut un esprit plus vaste et plus élevé que celui du Stagirite ? Et pourtant les lumières de sa raison ne purent faire briller en lui l'idée d'une bienveillance gratuite, idée qui ne tend à aucun avantage pour celui qui l'exerce. Il ne pouvait comprendre un amour désintéressé qui s'appuyant, d'ailleurs, sur des motifs plus nobles et plus élevés, se rapporterait au bien de personnes si aimées. Pour toutes ces considérations, il ne vit pas qu'en prenant soin d'hommes incapables, ceux qui sont capables pussent être excités par un autre mobile que leur propre intérêt. Il n'y trouva pas une garantie suffisante pour les premiers, à moins que les autres n'y fussent retenus par le respect de leur propre utilité. On crut de là que les pauvres, les travailleurs, tous ceux en général qui, par nécessité d'état, s'adonnent aux travaux serviles, ne pouvant rien faire de mieux, seraient dans une situation excellente s'ils appartenaient à des maîtres remplis d'humanité. Ceux-ci en retireraient les meilleurs services possibles ; ils porteraient à leur conservation, à leur bien-être et à leur direction tout l'intérêt qu'on a pour des animaux domestiques, intérêt que les maîtres proportionnent toujours à leur valeur. Dans cet ordre d'idées, Aristote enseigna que l'esclavage était l'œuvre de la nature et qu'il était indispensable à la société. La raison qu'il en donne est que la nature a placé dans le cœur de l'homme certaines exigences qui rendent cette institution nécessaire au bien-être du plus grand nombre. Sans elle, en effet, la société serait privée de cette stabilité qui est la condition *sine quâ non* de son existence.

Des critiques sévères renchérirent sur l'erreur du Philosophe. Mais puisque Saint Thomas ne vit pas sur quoi reposaient ces déductions, j'avouerai sans difficulté que je ne le vois pas non plus. Qu'on y fasse bien attention, la sévérité de ces censures consiste, pour ce jugement, à nous renfermer simplement dans les bornes de la nature ; autrement les jugements sont erronés. Il était bien impossible qu'un philosophe païen pût avoir des pensées chrétiennes ; d'un autre côté, on ne peut juger avec des pensées chrétiennes les doctrines d'un philosophe païen. Quoi qu'il en soit, cette opinion sur l'esclavage n'en aura pas moins cette confirmation de fait. On verra peut-être qu'elle pourrait fournir mille moyens pour démêler tous les fils embrouillés de cette trame *Internationale,* lorsque la société sera condamnée (à ce que Dieu ne plaise) à ne plus croire au surnaturel.

§ II.

ÉTAT CHRÉTIEN : CHARITÉ DES RICHES, RÉSIGNATION DES PAUVRES.

Comme nous l'avons vu dans le paragraphe précédent, cette redoutable question que l'*Internationale* a sinon fait naître, du moins aigrie, consiste tout entière dans *l'impossibilité de vivre en paix avec la foule innombrable des travailleurs qu'on ne peut contenter et encore moins contenir ;* d'où il résulte que le Paganisme avec l'esclavage ne résolut pas la difficulté, il ne fit que l'éluder d'une manière brusque et brutale ; le résultat qui s'en suivit était inévitable. En effet, on ne put trouver d'arrangement capable de rallier et de satisfaire les deux partis en présence : bien plus, toute justice disparut ou se vit opprimée ; et la portion la plus malheureuse et la plus considérable fut à la merci d'hommes peu puissants par leur talent, leur habileté et leur fortune.

Le Christianisme résolut cette difficulté d'une manière efficace, et le moyen qu'il employa pour cette solution prouve que lui seul pouvait réussir. Avec cette puissance qu'il possède d'extirper jusque dans sa racine l'Antagonisme entre le riche et le pauvre, il a détruit ces deux impossibilités dont nous venons de parler ; la destruction de l'une fut bientôt suivie de la destruction de l'autre. Il put donner satisfaction à cette foule immense de travailleurs, ce qui fit cesser toute nécessité et toute difficulté de la contenir. S'il n'y eut pas de cas particuliers qui parmi les chrétiens sont très-rares et très-faciles à réprimer, c'est précisément parce qu'on parle d'individus et non de multitude. Ainsi donc l'Antagonisme entre le riche et le pauvre dut disparaître, lorsque ce dernier, quel qu'en fût le motif, n'eut plus de difficulté à rester pauvre et tranquille.

Ce qui est surprenant, c'est la facilité incroyable avec laquelle s'est opérée cette immense et prodigieuse révolution. On dirait que l'économie chrétienne a été constituée conformément à la vie présente, si nous ne savions que la vie future est son but élevé et suprême. Le Christianisme élève les pensées et les affections vers la vie future, malgré les contradictions dont cette vie est le théâtre. Il en allége le fardeau, console les douleurs, calme les convoitises pour les biens d'ici-bas ; il fait plus, il communique à nos maux un prix inestimable que la nature n'aurait pu ni découvrir ni même soupçonner. On doit donc bannir cette idée séduisante mais fallacieuse qui regarde cette vie comme un séjour permanent, une félicité durable, un terme au delà de la vie. Elle n'est qu'une épreuve pour la sagesse, un noviciat pour la perfection, un combat pour la victoire ; cette donnée répond parfaitement à ce que nous éprouvons en nous et à ce que nous, voyons dans les autres. Ainsi les biens terrestres perdent, à la lumière du Christianisme, toute valeur intrinsèque, en conservent une réelle à la vérité, mais tout à fait secondaire, c'est celle qui nous les fait apprécier, rechercher et employer à la satisfaction passagère de nos appétits. Nous ne devons pas espérer d'obtenir par leur possession une félicité qui ne s'y est jamais trouvée, et qui ne peut s'y trouver. On ne saurait croire quelle est la puissance de cette théorie pour tempérer la fougue de nos passions, et nous faire rester dans notre condition de pauvre et de travailleur !

Si au malaise inséparable de la pauvreté viennent encore se joindre par hasard ou par malice les privations de l'indigence, les douleurs causées par les infirmités et les malheurs de toute sorte, le système chrétien a des remèdes souverains et cicatrise merveilleusement les plaies du cœur, en sorte qu'on peut l'appeler *la Religion de ceux qui souffrent*. En effet, cette religion nous explique les motifs de la douleur, ce qui est un grand soulagement ; car l'homme raisonnable frémit d'impatience quand il souffre sans savoir pourquoi. Elle nous fournit des raisons plus précieuses les unes que les autres qui ont puissamment contribué à consoler les douleurs de toutes ces créatures qui, depuis dix-huit siècles, ont foulé cette terre au milieu des plus cruels tourments. Donner à Dieu qui nous regarde des preuves de sa fidélité, expier constamment ses fautes et celles des autres, amasser des trésors impérissables pour une patrie meilleure, ressembler au Christ, premier-né des souffrants et des opprimés, se détacher facilement des biens de la terre, et se tenir loin de leur souffle empoisonné ; tout cela, pour n'en pas dire davantage, constitue assurément une certaine *philosophie chrétienne de la douleur*, un trésor inestimable pour l'homme dont la vie sur la terre n'est qu'une série de maux interrompue rarement par des plaisirs fugitifs.

Ce n'est point là pour le chrétien une théorie vide ou un discours stérile, comme on en lit dans les ouvrages des savants, ou comme on en voit dans les Académies, c'est une leçon vivante, soutenue et fortifiée par l'exemple. Nous sommes encouragés à imiter celui qui a agi avant nous et beaucoup mieux que nous. Le Christ a daigné passer plus de trente ans dans une obscure bourgade, au milieu d'habitants grossiers, vivant comme un pauvre et un travailleur; c'est ce qui surpasse toute idée, et il serait téméraire de prétendre nous comparer à lui. L'Histoire ecclésiastique et l'Hagiographie qui en est une partie importante n'a qu'un langage au sujet de cette pauvreté humble et obscure, dans laquelle le Fils de Dieu passa de longues années au milieu des souffrances et des privations de toutes sortes. Ce langage, reproduit de mille manières par les arts, la liturgie, la prédication et le catéchisme, est d'une très-grande efficacité pour réprimer les saillies de l'orgueil, tempérer la soif insatiable des plaisirs, et faire naître chez les humbles et les pauvres, sinon une grande satisfaction, du moins la résignation à la volonté de Dieu.

Du reste, l'Église en cela n'a pas seulement pour but d'admirer les héros légendaires et les actions des ancien auxquels les temps présents malgré leur lâcheté prétendent n'être pas inférieurs. Excités par le désir de les imiter, ils s'imaginent être pétris d'une autre argile et avoir un esprit supérieur. Elle nous excite à l'imitation, en nous faisant voir que nous ne sommes pas pétris d'une autre argile ni animés d'un autre souffle ; elle élève les pensées des chrétiens surtout dans les Cloîtres où règne une discipline rigoureuse. Ces religieux ont dit adieu à tous les plaisirs de la vie, ont renoncé à tous les biens et même au droit d'en avoir, se sont soumis à une obéissance absolue et scrupuleuse, renonçant quelquefois à de grandes fortunes et à de plus grandes espérances, et cela pour embrasser des privations et des souffrances qu'aucun ouvrier si pauvre et si disgrâcié qu'il fût ne voudrait s'imposer. Celui-ci du moins peut souhaiter de les voir diminuer ou finir, celui-là se les impose volontairement jusqu'à la mort. Un pareil spectacle montre aisément même aux hommes grossiers que la pauvreté, les tourments et les privations ne sont pas ce qu'il y a de plus mauvais sur la terre ; des personnes d'esprit et de cœur les regardent comme étant ce qu'il y a de plus désirable au monde.

Qu'on le remarque bien toute cette doctrine du Christianisme fortifiée par une pratique constante qui fait regarder ces biens avec indifférence et même dédain, montre que les biens de la vie ne sont pas seulement pour les pauvres ; car ils n'ont que du mépris pour ce qu'ils possèdent ou ne possèdent pas. Telle est la doctrine proposée et imposée à tous les Chrétiens, comme condition *sine quâ non* de l'imitation du Christ. Voici ses paroles : Celui qui ne renonce pas à tout ce qu'il possède ne peut être mon disciple ; *Qui non renuntiat omnibus quæ possidet, non potest meus esse discipulus* (1). Quels que soient les adoucissements qu'on apporte à ces paroles, elles n'en signifient pas moins ce renoncement *affectif* qui décèle le peu d'estime et le dédain des biens de la terre comparés à ceux du ciel. Cette disposition d'esprit est de rigueur pour tous ceux qui s'attachent trop aux biens qu'ils ont en abon-

1) Luc. XIV, 33.

dance. D'où il suit que les riches qui ne se sont pas enrichis par des voies injustes, ce qui n'est pas rare, regardent les richesses comme un don de Dieu. C'est un don et un très-dangereux, s'il en fut jamais. Quels que soient les moyens qu'on ait employés, ces deux voies rendent au pauvre sa condition plus supportable, plus agréable, et inspirent plus de respect et moins de crainte.

En supposant que le riche s'en tienne scrupuleusement aux prescriptions de l'Évangile, ses biens, loin d'être pour lui un obstacle à son salut, lui en faciliteront la voie d'une manière noble et consolante. Il en comblera les pauvres qui béniront Dieu de lui avoir donné le jour. Dès lors le riche honoré de la grande mission qu'il a de représenter ici-bas la Providence divine, fera croire à son existence. Il examinera ses ressources et regardera son superflu comme le vrai patrimoine des pauvres qu'il visitera avec l'empressement d'un devoir précieux à remplir. Cette profusion dans ses largesses, cette satisfaction intérieure que procure toujours un bienfait désiré, tout cela lui conquerra la reconnaissance. Cette reconnaissance ne s'amoindrira pas par la raison qu'elle est inspirée par le devoir, attendu qu'il importe peu de savoir si le bienfait a été accordé avec liberté pleine et entière.

Dans cette seconde hypothèse, je dis que la richesse tourne encore au moins indirectement au profit du pauvre. C'est pour lui un besoin d'être averti du danger certain de cette situation qu'il désire imprudemment. Il ne peut mieux recevoir ce service que de ces disgrâciés qui, pour leur détriment et avec une vanité déraisonnable des prodigalités insensées et une opiniâtreté impitoyable, annoncent ce qu'ils seront dans l'autre vie.

Le Christ ne parle pas d'un seul Epulon qui est en enfer ; *sepultus es in inferno* ; mais dans le même dessein il y en a beaucoup dans le monde qui devront y aller. Comme le cénobite pénitent qui non content de réconcilier le pauvre avec la pauvreté, lui inspire même l'horreur des richesses. C'est l'effet qui se produit ordinairement. Parmi les chrétiens, les riches les plus austères regardent ces richesses non pas avec envie mais avec mépris ; les plus charitables ont pour elles non de la haine mais de la commisération. Voilà pourquoi ces malheureux, dans le système humanitaire, deviennent la pierre où s'aiguisent tant de criminelles passions. D'après l'Évangile, ils sont véritablement comme la quinine qui coupe infailliblement la fièvre brûlante des richesses et en empêche le retour.

Qu'on me présente une société ainsi disposée, c'est-à-dire qui professe ces doctrines universellement respectées par tous, vous me direz ensuite si une pareille société pourra enfanter dans son sein cet Antagonisme entre le riche et le pauvre. Peu de cœurs corrompus sans doute en recèleront quelques étincelles qui ne seront jamais assez puissantes pour produire une *Internationale*. Et d'où viendraient-elles? Des riches? Mais satisfaits de leurs richesses ne sont-ils pas enchantés de trouver dans les autres de la docilité et de la patience; ils font donc l'usage qu'ils veulent des biens de ce monde. Des pauvres? Mais moins encore par la raison qu'ils n'ambitionnent nullement les richesses. Ils voient sans doute que dans la distribution des biens la part la plus pénible ne leur est pas échue. Ils sont persuadés qu'ils y trouvent de grands avantages mêlés à quelques inconvénients. Ils ont confiance qu'ils sont dans la voie qui les met au nombre des fortunés qui *in paucis vexati, in multis bene disponentur* (1).

Le différend qui résultait de ce funeste Antagonisme éteint dans la racine, put entrer avec avantage dans cette

(1) Sap. III, 5.

partie qui d'après le système opposé n'avait pas encore été entamée. La nécessité, la convenance, et un prétexte d'esclavage, fit remplacer les esclaves par des hommes et par des chrétiens. La foule innombrable de ceux qui sont adonnés aux travaux serviles put impunément reparaître avec sa dignité première, recouvrer ses droits naturels, et redevenir ainsi habile à posséder, à avoir une famille, à jouir d'une entière liberté personnelle comme on en eut jamais. Les derniers purent être ainsi reconnus par la Nature et la Grâce égaux aux plus élevés, leurs véritables frères. Et quelle difficulté, quel danger y aurait-il à reconnaître et à traiter comme frères des pauvres qui, malgré leur dignité, n'ont aucune occasion d'en concevoir de la vanité, n'ont aucune aversion de leur pauvreté, n'aspirent point à s'élever au niveau des autres, et encore moins à reconstituer la société à leur profit?

Ainsi cette grande parole : *Omnes vos fratres estis*, vous êtes tous frères, que le Christ prononça le premier, fut une parole de régénération et de vie, mais dans la bouche de nos mécréants, si elle ne paraît pas dérisoire, elle devient le signal de la destruction et de la mort. Qu'elle est sublime cette parole qui jeta le fondement sur lequel fut établi le peuple véritable, digne d'être appelé la *plebs christiana*, le peuple chrétien. Ce qui signifie véritablement la liberté et l'indépendance. Ils savent ce qu'ils veulent, et pourquoi ils le veulent. Par leurs travaux, leurs fatigues et leur industrie, ils sont en état de s'élever à une position moins pénible et moins modeste. Très-peu peuvent sans doute conquérir cette position, parce que peu ont le courage d'en faire l'essai et l'habileté pour y réussir; ce qui n'empêche pas que tous ne puissent la désirer honnêtement. La plupart, soit par défaut de tentative, soit par défaut de chance, n'ont aucune impatience à avoir de leur situation, ni d'envie de celle des autres. A tous les points de vue, celui qui considérera la dignité et les avantages de cette condition, et qui la comparera avec l'esclavage, devra reconnaître et admirer en elle un des plus beaux et des plus précieux caractères de la civilisation chrétienne. Cette civilisation a été inconnue à l'antiquité païenne, et aujourd'hui nous la voyons déchoir et tomber à mesure que les institutions civiles font divorce avec le Christianisme. Mais pour que ces vérités demeurent profondément gravées dans nos esprits et surtout dans nos cœurs, nous pensons et nous professons qu'une vie passée au sein des voluptés, créées par des biens héréditaires, est tout à la fois un malheur et une honte. Au contraire, le pain gagné à la sueur de son front est plus moral et plus conforme à notre destinée sur la terre et dans le ciel. La divine Providence fut donc très-prévoyante en ne donnant en partage qu'à un très-petit nombre la première condition qui est la plus mauvaise, et la seconde qui est la meilleure à la grande majorité.

Cet ordre ainsi exposé n'a pas été simplement pour le monde une utopie ou une opinion ; mais il fut un fait aussi universel et aussi durable que la société chrétienne. Il arrive dans les œuvres humaines que l'idée précède le fait dont elle est comme le type et la mesure; mais dans cette œuvre dont la racine est toute divine, le fait a précédé l'idée et nous n'avons appris à en faire l'application qu'après l'avoir vue produire ses fruits. Ces fruits en furent si abondants et si excellents qu'ils pourraient fournir matière à bien des volumes. Aussi regardons-nous comme de notre sujet d'en dire un mot à la fin de ce paragraphe.

Les riches et les ambitieux trouvèrent un très-grand avantage dans le renoncement claustral, l'abnégation de soi-même et la tempérance chrétienne, qui diminuèrent le nombre et l'ardeur des concurrents courant à la poursuite des biens temporels. Le repos pour le présent leur fut assuré aussi bien que la sécurité pour l'avenir, et cette patience qui leur remet entre les mains ce troupeau d'hommes baptisés qu'ils tondent et pressurent. Quoique ne croyant ni au Christ ni à son Évangile, ils auraient dû au moins être assez prévoyants pour l'imiter comme faisaient les anciens politiques, philosophes, en présence du vulgaire, relativement aux divinités païennes. Les siècles passés virent peut-être quelques Gouvernements agir de la sorte, mais aujourd'hui cette conduite semble être passée de mode : ce n'est pas un grand malheur, car les disciples de la vérité ne recherchent pas les faveurs qui seraient le fruit du mensonge.

Mais cet ordre si avantageux aux riches ne l'était pas moins aux pauvres, en faveur desquels il semblait avoir été constitué à dessein. Leur liberté, leurs droits, leur dignité, leur condition même si laborieuse et si précaire de travailleurs, trouvèrent dans la Religion un adoucissement et une garantie, en sorte que cet état de choses ne leur parut pas seulement supportable, mais désirable à certains égards. Il serait impossible de dire de quelles vexations le travailleur se trouve exempt soit au champ, soit à l'atelier, et quelle indulgence il rencontre chez des maîtres chrétiens. Le repos du dimanche est plus utile au travailleur qu'à son patron, puisqu'il lui permet de détacher un anneau de sa chaîne, et de jouir un peu de cette vie, tout en pensant à l'autre. La majesté du temple, la pompe des cérémonies lui procure pour ainsi dire à son insu cette satisfaction produite par l'harmonie, les chefs-d'œuvre de l'architecture, les objets divers, les lumières, les pierreries qu'on rencontre dans les églises ; le pauvre y trouve un motif de se réjouir puisque autrement il n'en aurait aucune idée, attendu que tout cela est le partage exclusif du riche. Enfin, dans les cas imprévus et assez fréquents de chômages forcés, de maladies et autres peines domestiques, on avait la charité des Chrétiens riches, la bienfaisance de l'Église, les pieuses Institutions, les Confréries et les *Corps des Arts*. C'est là que les associés, travailleurs et patrons, se donnaient la main, mais autrement que cela se pratique dans ces prétendues *sociétés ouvrières de secours mutuels* formées ou sur le point de l'être par l'*Internationale*.

Si donc le Christianisme prescrit la charité aux riches, outre les récompenses promises dans l'autre vie, celle-ci en offre encore qui ne sont pas à dédaigner. Le christianisme prescrit également aux travailleurs la tempérance, la patience, la résignation, et leur fournit en même temps des adoucissements, des compensations, des espérances, toutes choses qui sont suffisantes pour faire supporter le poids de leur situation. Ces deux éléments suffisent à faire disparaître cet antagonisme ; c'est ce qui résulte de ce fait évident que les chrétiens n'ont jamais eu besoin de recourir à l'esclavage ni à rien qui ressemble à l'*Internationale*.

CHAPITRE QUATRIÈME

Comment et par qui l'ordre mentionné plus haut a été troublé.

La conséquence du divorce qui s'établit entre la société et le Christianisme intimement unis depuis tant de siècles fut, comme nous l'avons déjà dit, d'ouvrir la voie à la destruction de l'ordre. Les progrès de cette destruction furent en rapport avec ceux du *Socialisme*, du *Communisme*, de *l'Internationale*, toutes dénominations différentes, mais au fond signifiant parfaitement la même chose. Ce malheur auquel le Christianisme avait opposé une digue était évidemment le résultat de l'Antagonisme entre le riche et le pauvre. La religion une fois bannie de la vie publique, il était naturel que cet antagonisme reparût plus hardi et plus menaçant que jamais.

Comme nous l'avons déjà remarqué, ce même Antagonisme est la *Cause intrinsèque* du malheur de la société. Le Christianisme avec la charité qu'il prescrit aux riches et la résignation qu'il inspire aux pauvres, n'eut pas besoin de recourir à l'esclavage, seul remède que pût employer le Paganisme. Maintenant que la chose est connue, nous pouvons parler des *Raisons extrinsèques*. Et par *Raisons extrinsèques*, j'entends ces différents points de vue de tendances et d'actions qui laissèrent le champ libre aux évolutions de l'intrinsèque. Aux deux termes opposés qui le constituent, on ajouta en même temps des stimulants très-énergiques, mais dans le but de les rendre toujours de plus en plus inconciliables. Pour dire plus clairement encore ma façon de penser, j'ajouterai que la société, par la guerre qu'elle fait au Christianisme, se prive, de concert avec l'*Internationale*, du seul remède efficace qui existe. Son amour idolâtre de l'argent a mis le comble à l'opiniâtreté et aux ressentiments de l'un des deux partis, et les excès de la grande industrie ont envenimé les aveugles et puissantes colères de l'autre. Telles sont, selon moi, les trois *Raisons extrinsèques* qu'on peut assigner à l'*Internationale* ; nous allons en parler dans les paragraphes suivants.

§. I.

APOSTASIE DES NOUVEAUX GOUVERNEMENTS ENVERS LE CHRISTIANISME

Je dis le *Christianisme* et non pas le *Catholicisme* : parce que celui-ci en est la forme unique, naturelle et légitime, mais aussi et surtout parce que, dans la société actuelle, on ne rencontre pas d'hérésies proprement dites, c'est-à-dire de croyances religieuses particulières ; tout se réduit à un Rationalisme entaché de plus ou moins d'Athéisme, et les adversaires du Catholicisme combattent au fond le dogme et la morale du Christianisme. Si de temps en temps ils accueillent favorablement l'hétérodoxie qu'ils semblent vouloir professer, ils n'agissent ainsi qu'à cause de l'opposition que celle-ci fait au Catholicisme. Cela est si vrai que si le Catholicisme venait par impossible à disparaître de la terre, on verrait bientôt cesser leurs sympathies pour les hérétiques. Ils n'auraient plus de motifs à faire valoir pour justifier cette guerre qu'ils font et pour la quelle ils cherchent des auxiliaires. Si le Souverain Pontife n'était pas au Vatican, les Doellinger et les P. Hyacinthe ne seraient pas plus appréciés en Allemagne et en Italie que n'y sont les Bramans de l'Inde et les Bonzes du Japon.

Machiavel a dit que les institutions se conservent par les mêmes principes qui ont présidé à leur naissance. Si ces paroles sont vraies, la société civile doit disparaître avec le Christianisme qui l'a faite ce qu'elle est, non en employant l'esclavage dont il n'avait nul besoin, mais en formant des peuples vraiment libres. L'effet doit cesser avec la cause qui l'a produit. On observera toutefois qu'en parlant de la disparition du *Christianisme*, je ne puis en aucune manière entendre par là une disparition complète. Ce serait sans doute là le vœu de ses ennemis qui, depuis dix-neuf siècles, lui font une guerre implacable. Mais, à cet égard, nous pouvons être rassurés complètement, pleins de confiance dans les promesses infaillibles de son divin Fondateur, qui a placé son œuvre hors de l'atteinte des attaques de toute puissance créée. Nous ne pouvons que prendre en pitié ces tentatives insensées comme ferait la lune en présence des aboiements des chiens. Je ne puis pas non plus entendre ces pertes partielles qui atteignent le Christianisme par ces attaques que l'erreur lui fait dans l'ombre ou au grand jour, ou celles plus ou moins considérables causées par l'immoralité toute-puissante. Toutes ces pertes ont trop souvent pour résultat de pervertir les hommes, de ruiner les familles, et même de séparer de la véritable et magnifique unité de l'Église des provinces et des États; malgré cela, la société chrétienne ne se trouve point atteinte dans son existence.

Ici donc, par *disparition du Christianisme*, on doit entendre cette Apostasie sociale, civile, politique, peu importe la dénomination, qui met les nations modernes dans un état de divorce avec le Christianisme; et pour ne pas donner à ce fait une qualification par trop déshonorante, nous l'appelerons *Séparation de l'Église et de l'État,* euphémisme qui ne saurait tromper les hommes prudents et qui ne peut tromper que les sots. Une semblable Apostasie, consommée ou commencée, doit nécessairement faire perdre tous ces fruits précieux qui ont procuré aux chrétiens la gloire, la paix et la prospérité. Ces fruits que l'union a produits doivent disparaître par la séparation. Le principal fut celui dont nous parlons en ce moment : l'Antagonisme entre le riche et le pauvre, avec l'abolition de l'esclavage, devenu inutile, et la formation d'un peuple jouissant d'une liberté véritable. Tout cela, rendu possible par la charité et par la souffrance résignée, devait finir, et a presque fini selon l'*Internationale.* Sachez bien pour quel motif.

Pour obtenir ces résultats publics universels, juridiques, ce n'était pas assez que la Religion fût professée par des hommes pris isolément, il fallait encore qu'elle le fût par les multitudes et les familles. Ces mêmes résultats n'auraient jamais été perdus par des individualités ; et cela lui suffisait, parce qu'elle a pour fin dernière la vie éternelle qu'obtiennent les hommes pris individuellement et non collectivement. Ces effets sociaux produits par la Religion exigeaient rigoureusement qu'elle devînt une *Institution sociale,* s'il est vrai que l'effet doit nécessairement ressembler à sa cause. Il importait donc que le Christianisme fût professé par les Souverains et accepté par les nations au point de vue civil et politique, inspirât les Lois, fît partie de leurs institutions; fût en un mot ce qu'il est en Europe depuis quatorze siècles, c'est-à-dire depuis le cinquième, qui fut le premier à partir de Constantin, jusqu'au dix-huitième, promoteur de la grande Apostasie. C'est là qu'elle commença. Cette union était si universelle, si profonde et si intime que quatre-vingts années de destructions en France n'ont pu suffire à accomplir cette Apostasie ; et pour atteindre ce résultat, il y a encore bien plus à faire.

Cela est si vrai que, pour produire ces effets sociaux, la religion a besoin d'avoir une condition sociale. Dans les trois premiers siècles (je pourrais même dire quatre, parce que dans le quatrième elle avait fait sentir son action), précisément parce qu'elle manquait de cette condition sociale, on ne remarque aucun de ces effets. Aussi, ces siècles là furent-ils les grandes époques de l'Église! Époques de grande sainteté, des Pères illustres, des conquêtes merveilleuses, des triomphes prodigieux et des miracles éclatants! mais qu'importe ? L'Église pour exister et agir n'a pas besoin de produire ces résultats civils ; il n'en est pas de même de la société. Si elle ne les veut pas, tant pis pour elle! Elle veut bien du fruit, mais non de l'arbre, et ne compte que sur la sagesse humaine. Dans ces siècles, pour nous borner à ce qui rentre dans notre sujet, l'Église n'eut même pas l'idée qu'on pût tenter d'abolir l'esclavage. Elle recommandait, il est vrai, la charité aux maîtres et la patience aux esclaves, dont un grand nombre obtenait la vie éternelle, but suprême et presque unique de l'Église. Faire une pareille tentative eût été un crime. Comment un Pontife se serait-il présenté à un de ces monstres couronnés qui s'appelaient Empereurs pour leur proposer cette abolition philanthropique? Pour faire disparaître de ce monde cette immense faute, cette honte et cette calamité sociale qu'on appelle l'*esclavage*, il était nécessaire que la société devînt chrétienne. S'il n'en eût pas été ainsi, nous aurions encore cette jouissance-là, sans l'intervention de l'*Internationale*.

D'après ces considérations, je puis affirmer que la société contemporaine a fait un travail opposé à celui-là; dans les siècles qui suivirent celui de Constantin, la société alla se christianisant. Aussi avec le premier on vit successivement se cicatriser les grandes plaies dont la société païenne était infectée. Avec le second, les anciennes se rouvrirent et en firent naître même de nouvelles; mais parmi toutes ces plaies, celle qu'a produite l'*Internationale* est la plus terrible et la plus abjecte. Tout fait supposer qu'elle mettra son plan à exécution, vu l'opiniâtreté et l'étendue qu'elle donne à ses travaux, surtout dans ces dernières années, en Italie, où la révolution règne en maîtresse absolue

Chacun le sait, l'Apostasie universellement répandue, fut proclamée en Europe par la grande Révolution française de 1789. Les principes qu'elle inaugura portent cette date. Le reste de l'Europe les embrassa docilement, du moins en théorie. Dans la pratique, elle fut confirmée par d'autres révolutions qui se sont produites depuis. La France, qui la première s'est frayé cette voie et y a persisté opiniâtrement, ne sait plus dans quelle direction s'engager. Ceux qui connaissent parfaitement la France dont ils sont les enfants très-affectueux, ne seraient pas étonnés s'ils la voyaient en peu d'années descendre au rang de l'Espagne et du Portugal. La grandeur de la première sous Charles V et du second sous Jean III était bien supérieure à celle de ce second empire, plus qu'à demi bysantin de Bonaparte. Que sont devenus l'Espagne et le Portugal? En attendant, la France souffre plus qu'aucune autre nation du continent de ce fléau de l'*Internationale*. L'Angleterre en souffre beaucoup moins, mais il y en a un grand nombre qui en souffre plus encore.

Au commencement de ce siècle, l'Italie fit les premiers essais publics d'Apostasie, sous la domination française; et depuis ces essais se sont renouvelés. Elle ne parut pas se détacher sérieusement du système de 89, bien qu'elle eût encore des principes religieux. Mais la Religion ne remplace pas la volonté, dont le défaut en conduisit plusieurs dans des sentiers qu'ils n'auraient pas désirés. Une révolution, copie servile et grotesque de celle de 89, a envahi le Piémont dont elle a fait sa forteresse. Des auxiliaires étrangers et des moyens où la barbarie le dispute à l'impudence, l'étendirent aux autres États de la Péninsule avec une série de crimes politiques que vint couronner dignement l'outrage fait au Pontife et le vol de ses États. Entrée dans cette voie, la Révolution ne traça point à ses partisans d'autre ligne de conduite que de profaner la société pour s'en rendre maître. Leurs efforts rendirent cette société athée, et d'un Athéisme inconnu au Paganisme lui-même. Ils virent d'un œil tranquille la persécution que nécessitaient leurs desseins pour achever cette Apostasie. Pour cela on eut recours aux moyens que peuvent fournir la civilisation et les temps modernes.

La Religion florissante, révérée et aimée depuis quinze siècles dans nos contrées, y avait des liens ; elle s'y était acquis des droits, des prescriptions ; elle y avait établi des coutumes et des relations de tous genres ; elle s'était pour ainsi dire identifiée avec la société. On ne pouvait donc implanter partout l'Apostasie, sans mettre une main sacrilége sur tout ce que les barbares eux-mêmes ont coutume de respecter. Mais qu'ont jamais respecté les révolutions calquées sur celle de 89 ? Toutes celles qui en sont issues l'ont copiée plus ou moins. La nôtre se montre avec une telle violence que les esprits les moins élevés se trouvent disposés à abjurer leurs anciennes inimitiés. En très-peu de temps elle vous a accompli tant de choses, qu'il ne lui reste presque plus rien à faire. Assurément mon intention n'est nullement d'exagérer, mais quand on pense que la révolution de 89 produisit celle de 93, avec ses massacres, ses proscriptions *en masse*, son serment athée, la fermeture des temples, la peine capitale prononcée contre le prêtre qui osait célébrer la messe : on comprend alors qu'en Italie, la Révolution pouvait encore aller plus loin qu'elle n'a été. Toutefois, ce Gouvernement amoindrit l'influence de l'Église et affaiblit son action dans la vie civile, comme on le dit ouvertement. Il n'y a rien qu'il ne se soit efforcé par tous les moyens possibles d'avilir et de supprimer.

Il est à remarquer que cette œuvre de profanation est poursuivie par les moyens dont nous avons déjà parlé, et qui sont les plus propres à disposer les peuples à la résignation dans les souffrances, les privations et les fatigues, condition indispensable pour recevoir le titre d'hommes et de frères. En sorte que si ceux-ci, plus insensés ou plus impies, eussent voulu de propos délibéré fournir ample matière à l'*Internationale* moderne, ou à l'esclavage antique, ils n'auraient pas agi autrement qu'ils n'ont fait. Ces moyens étaient l'instruction et l'éducation de l'enfance dans la crainte de Dieu, les pratiques du culte, le repos du dimanche, les libéralités abondantes, le spectacle de la vie du cloître, et, en général, l'action libre et révérée de l'Église sur les esprits et sur les cœurs. Cette action de l'Église ne s'exerce que par l'intermédiaire de ses ministres. Maintenant, nous le demandons, est-il un seul de ces moyens sur lequel le Gouvernement n'ait pas mis la main pour l'affaiblir, le corrompre ou le détruire entièrement ? Si le clergé avec tout son dévouement et les catholiques avec leurs sacrifices d'argent, de temps et de repos, n'avaient pas rivalisé de zèle pour ralentir cette œuvre de destruction, déjà peut-être quelque *Commune italienne*, formée sur celle de Paris, aurait montré à ces héros ce que peut un peuple sans religion et sans Dieu, comme ils l'ont déjà fait voir avec leurs systèmes extravagants. Patience, qu'ils le sachent bien ; un peu plus tôt, un peu plus tard, cette Commune apparaîtra, et Dieu veuille qu'ils aient le temps d'en parler !

Dans les asiles et les écoles, les instituteurs et les maîtresses consacrent tous leurs efforts à déraciner les préjugés des enfants qui n'ont pu encore en être profondément atteints. Mais les gymnases, les lycées et les universités savent que l'absence de tout principe chrétien, de toute pratique religieuse est peu de chose en face du mépris et de la haine qu'ils professent pour tout ce qui tient au Christianisme. Tandis que les erreurs les plus monstrueuses trouvent asile, faveur et protection dans ce pays qui vit naître les Thomas d'Aquin, les Dante Allighieri et les Christophe Colomb, la vérité catholique est la seule qui n'obtienne plus la tolérance de l'*enseignement officiel*. Mais pour mieux faire perdre tout sentiment chrétien au peuple dont se compose la majeure partie des travailleurs et dont nous parlons ici, on a aboli la pratique du repos du dimanche et de la religion, en le contraignant de vivre à ce sujet comme nos soldats. Pour remplir cette double tâche, le Gouvernement italien a fait tout ce qu'il a pu. Sans doute il n'empêche pas d'assister à la messe ou de s'abstenir des œuvres serviles les jours prescrits, mais dans tout ce qui dépend de lui, soit dans les travaux publics, soit dans les ministères, soit dans les casernes, il ne consacre ni temps ni lieu pour honorer Dieu qu'il ne reconnaît pas. Cette conduite doit nuire principalement plus qu'on ne le croit aux soldats et aux marins. Avec ce tribut si vanté de vie et de sang qu'on appelle *levée*, et qui se pratique en Italie, on conçoit qu'un peuple soit condamné sous peine d'être puni, comme pour indiscipline et vol, à ne pouvoir fréquenter l'église, voir un prêtre, ou accomplir le devoir pascal. Depuis plusieurs années qu'un pareil état de choses a lieu, combien voudront revenir aux habitudes chrétiennes de la famille? Plaise au Ciel que le Gouvernement ne soit pas le premier à voir ce que valent des soldats qui ne croient pas en Dieu ! Et cela pour ne pas dire que par une dureté exceptionnelle en Europe, on n'épargne pas même pour en grossir les rangs les jeunes gens qui se consacrent au service des autels !

Sur tous ces points on a profané sans aucun profit pécuniaire pour les profanateurs, aussi on a procédé avec beaucoup de rigueur et d'énergie. Qu'était-ce donc quand la profanation avait pour résultat de s'emparer des effets et de l'argent ! Alors, non content de piller le Christ, *rapere Christum*, on ravissait aussi les trésors, *rapere thesauros !* Ce n'est pas moi assurément qui me plaindrai de ce qui a été pris, le trésor public, qui devait en devenir plus riche, s'est trouvé plus endetté qu'auparavant. La plupart de ceux qui ont été spoliés ont souffert cette spoliation avec joie, *rapinam bonorum suorum cum gaudio susceperunt* (Heb. x. 34). Si quelqu'un s'en était plaint, il aurait paru y attacher trop d'importance. Les ministres du Christ auront toujours de quoi vivre; et s'Il a permis le larcin, c'est qu'il devait en résulter un plus grand bien. Ce sera celui de personnes volées.

Les biens de l'Église ont été disposés pour la splendeur du culte de Dieu et la consolation des pauvres. Ils servent à préparer et à soutenir les ministres de l'autel qui instruisent le peuple, sans lui être à charge. Ils sont en dernière analyse le patrimoine des pauvres auxquels la plus grande part est toujours échue. En considérant ces biens sous ces divers aspects, on voit que leur confiscation a été un dommage considérable pour les pauvres auxquels on a ravi beaucoup de ces préservatifs qui auraient pu les soustraire aux excès de l'*Internationale*. Qu'on ne parle pas des fêtes civiques qu'on substituerait à celles du culte, ni de la libéralité officielle qui prétend remplacer la charité chrétienne ; nous savons suffisammeut à quoi nous en tenir sur la valeur réelle de ces remplacements ! Les uns sont consacrés à des bouffonneries ou à des feux de joie ; c'est déjà beaucoup si le peuple ne s'en retourne pas plus débauché et plus mauvais qu'auparavant. Les autres laissent le nécessiteux sans subside, ou si quelques secours lui arrivent, ils sont bien diminués à cause des filières par lesquelles ils doivent passer, tels que *bureaux* et inspecteurs sans foi ni cœur. Ses espérances se trouvent trompées; sa honte devient plus grande ainsi que sa cupidité, en sorte qu'il regarde ces secours comme un outrage.

Ces brigands, par la guerre qu'ils ont faite aux Ordres religieux, ont ravi aux travailleurs ces soulagements qui changeaient en volontaire leur pauvreté nécessaire. Ce n'est pas la faute des despotes de l'Italie, berceau et nourrice de ces saintes associations, s'il en reste encore quelque chose aujourd'hui. Nous verrons ce que Rome en gardera. Eh bien! ils ont voulu faire voir que dans ces temps de progrès et de lumière, qu'au milieu de la civilisation moderne, la pauvreté volontaire est une folie et presque un crime. Qu'ils triomphent en voyant que la plupart des pauvres ne veulent pas rester dans cette indigence que les riches, selon eux, ont créée à leur préjudice. C'est pour s'en délivrer qu'ils ont formé une société dont ils attendent un peu plus que de celle de Saint François. Le 20 Septembre 1870 vint mettre le comble à cette Apostasie. La Société chrétienne et civile couronna Rois les Souverains Pontifes; la Société, qui veut passer du christianisme à la barbarie, leur a ravi cette même couronne.

§ II.

L'IDOLATRIE DE L'ARGENT.

L'*Apostasie du Gouvernement* contribua directement, comme nous venons de le voir, à la réapparition et à la recrudescence de cette plaie sociale. Elle fut le *removens prohibens* relativement au seul moyen efficace de l'adoucir. Cette considération devrait suffire pour conserver le Christianisme, même à un point de vue purement humain. Que voulez-vous ? Les hommes mettent une obstination insensée à battre en brèche cet unique et sûr rempart de la société. Une pareille conduite a quelque chose de semblable à celle de ce paysan, stupidement imprudent, qui emploie toutes ses forces à couper la branche qui le soutient. Ce qui contribua aussi directement à ces résultats, ce fut cette soif de l'or, passion insatiable, universelle, comme on ne l'a jamais vue auparavant, et qui amènera infailliblement un retour déplorable au Paganisme. Cette seconde cause extrinsèque de l'*Internationale* n'est pas sans analogie avec ce qu'ont fait les *pétroleurs* et les *pétroleuses* de Paris, sous la *Commune*. La société se trouve donc atteinte et travaillée partout par les flammes de la cupidité. Tout ce qu'elle peut faire avec son *Idolâtrie de l'Argent*, c'est de souffler sur cette flamme et d'arroser l'incendie avec le pétrole ! Cette cause vient de la société et non des Gouvernements. La société a la maladie du monde moderne, ou pour parler plus exactement, de la partie mondaine et malade du monde. Ce fléau est épouvantable et universel, et les gouvernements représentent précisément cette partie du monde, et les résultats qu'ils produisent sont d'autant plus redoutables, qu'ils sont plus puissants et qu'ils revendiquent l'honneur des nouveaux systèmes.

Sans doute, je sais bien que le genre humain a toujours été atteint de cette fièvre de l'or : les Midas et les chercheurs de la pierre philosophale, *lapis philosophorum*, n'en ont pas été exempts. Virgile, quoique païen, parle de l'exécrable soif de l'or, *auri sacra fames* : Dante, chrétien, met l'avarice au nombre des trois étincelles, *tre scintille* qui, dans sa Florence, avaient embrasé les cœurs, *aveano i cuori accesi*. S'il s'agit d'obtenir un gain par des voies légitimes, je ne puis qu'y applaudir; sans cela que resterait-il dans le monde de l'activité humaine? N'est-ce pas le mobile qui fait mouvoir tous les ressorts de cette activité? Je n'accuse pas ici notre époque d'une coutume qui, par elle-même, n'a rien de blâmable, et est plutôt, à différents égards, utile et nécessaire. Ces abus ont eu lieu dans tous les temps. Il en est bien autrement dans une société chrétienne qui, d'après notre hypothèse, est plus ou moins avancée dans la voie du progrès. La différence énorme qui existe entre elle et l'*Internationale*, se mesure par l'excès effrayant de cette fièvre. Cet excès inconnu aux âges chrétiens antérieurs, a fait sa première apparition à notre époque, lorsque la société n'avait plus le sentiment chrétien, ou allait le perdre. Que le lecteur se rende bien compte de cette différence.

Dans une société qui croit à l'Évangile et à une autre vie, dont celle-ci n'est qu'un novicial, expiatoire ou méritoire, on rencontrera rarement de ces héroïsmes qui renoncent aux avantages de la vie présente par amour pour la vie future. La plupart mesureront à leur juste valeur les biens d'ici-bas, ils les désireront modérément, se les procureront par la voie de la justice et en useront avec retenue. La cupidité insatiable, l'opiniâtreté cruelle et le luxe dissipateur et insensé seront le partage du petit nombre et auront la réprobation universelle. Cette réprobation atteindra aussi leurs spéculations infâmes. S'ils ne tombent pas sous les coups de la justice humaine, parce qu'elle est impuissante, tardive ou faible, ils n'échapperont pas à la justice divine qui arrive toujours en son temps. Pour mettre un frein à ces cupidités et pour soutenir cette modération, il y a des moyens principaux et à la portée de tous, et par cela même d'une merveilleuse efficacité. Qu'il me suffise de mentionner les deux suivants en qui se résument tous les autres : le *Beati pauperes*, heureux les pauvres, paroles que notre divin Maître a appuyées de nombreux exemples et que des millions de chrétiens ont mises en pratique ; le *Vœ vobis divitibus*, malheur à vous riches, paroles d'une netteté, d'une crudité que n'ont point adoucies les moralistes même les plus relâchés. Ces croyances et ces principes forment peu à peu des opinions communes contre lesquelles on n'oserait réagir ouvertement. L'empire incontestable qu'ils exercent réussit à tempérer cette fièvre. En effet, les pauvres sont les plus chéris de Dieu ; les faibles, les humbles sont plus certains d'aller au Ciel. Les riches se trouvent dans une voie qui les conduit plus difficilement au salut. La cupidité doit au moins avoir le sentiment de la réserve, quand celui de la modération lui fait défaut. Le commerce a quelque chose de généreux, quand la nécessité l'exige. L'usurier de profession est méprisable et infâme. Il en est de même du comédien qui amuse le public pour un gain sordide, surtout quand il s'agit de ce sexe chez lequel l'absence de retenue efface toute autre qualité. Ces croyances, ces principes et ces opinions constituent dans la société chrétienne comme un préservatif, un parfum qui, sans en bannir l'amour de l'argent, la préserve de la corruption et arrête les progrès de la fièvre, si elle ne l'a détruit pas entièrement.

Quand une société perd avec la foi à l'Évangile toute

croyance à une vie future, elle méconnaît et renie nécessairement le but véritable de la vie présente. Les hommes ne pensent alors qu'à la terre et ne songent qu'à s'y procurer toutes les jouissances qu'ils savent être à leur disposition. Et qui pourrait leur en faire un crime? Si tout finit en ce monde, si l'on n'a rien à espérer ou à craindre au delà de la tombe, pourquoi ne pourrai-je pas ou plutôt ne devrai-je pas me jeter à la poursuite des richesses et des plaisirs? Qui pourrait m'imposer des lois pour le choix à faire entre ces moyens, si ce choix n'obtient pas mes préférences? En effet, quand on perd toute idée d'une autre vie, ainsi que celle d'une justice future, on ne s'occupe que de la vie présente qui, suivant la remarque que nous venons de faire, est imparfaite, souvent insatiable et servant facilement de thème aux railleries. Du reste, que pourrait-on répondre à ceux qui viendraient nous dire : *La justice, c'est nous ?* Et s'il y en avait un grand nombre, ne pourraient-ils pas proférer cette parole comme le font depuis quatre-vingts ans les Gouvernements, les Ministres et les Parlements? Évidemment ils le pourraient. Ils le pourraient bien mieux que ceux-ci qui se disent mensongèrement le peuple ; les autres, au moins, sont en droit de dire qu'ils le sont, car ils le sont réellement. Quoi qu'il en soit de cette hypothèse dont je ne m'occuperai plus, il n'en résulte pas moins ce fait évident, que faire perdre à une société la croyance d'une vie future, a autant d'importance que de la contraindre à concentrer toutes ses pensées, toutes ses affections dans les biens de la terre, à les rechercher, sans égard à la légitimité des moyens, avec cette fougue irrésistible, trop ordinaire à ceux qui comptent sur le bonheur; et cette conviction que si ce bonheur leur échappe, il ne reste plus pour elle que le néant.

Maintenant dire : *biens terrestres*, quantité qu'on peu se procurer, c'est-à-dire faire des comptes, ou plus simplement l'*argent*. Cet argent, à l'origine, représentait le *pecus*, primitivement bien terrestre; actuellement le papier représente d'autres espèces d'animaux. Il est devenu le représentant universel et l'instrument de tous. Il est vrai que dans la circulation de ces biens, il en est plusieurs qu'on ne peut acquérir à prix d'argent, soit parce qu'ils ne dépendent pas de l'homme comme la longévité et la santé, soit parce qu'ils sont d'un ordre plus élevé que la matière comme la science, l'autorité, les honneurs. Il est incontestable néanmoins que l'argent peut souvent en faciliter l'acquisition; et la facilite en réalité dans l'opinion de celui qui en est privé par suite de cette disposition commune qui fait que tous les hommes s'exagèrent la valeur de ces biens qu'ils n'ont pas, afin d'avoir plus de force pour les acquérir. Le pauvre qui est malade se persuade aisément que s'il pouvait dépenser de l'argent, il obtiendrait infailliblement sa guérison. Celui qui se trouve dans une condition obscure et reste ignorant, pense qu'une bourse bien garnie lui aurait procuré les moyens de se remplir la tête de connaissances étrangères, oubliant que l'expérience universelle est la preuve du contraire.

Cette opinion sur la toute-puissance de l'argent est aujourd'hui un fait acquis, et cela par l'effet de cette idolâtrie de l'argent dont nous parlons, et sans avoir égard aux moyens de se le procurer. Supposez une société atteinte entièrement de cette maladie, et vous verrez peu à peu la vénalité des biens dont l'achat dans des temps même peu chrétiens serait caché, ou ne serait connu que pour être noté publiquement d'infamie ou couvert de ridicule sur le théâtre. On regarde comme très-naturel que les titres d'honneur, de science ou de mérite, s'achètent dans les Secrétaireries absolument comme les *titres de crédit* dans les *Bourses*; que les faveurs ministérielles dans les cabinets et les faveurs des femmes dans les salons se paient de suite et argent comptant, comme les voitures et les bijoux ; qu'on tombe d'accord pour une charge publique ou pour une entreprise lucrative, comme pour la location d'un fonds à la campagne ou à la ville ; qu'on achète les votes des électeurs pour obtenir un siége au Parlement ; qu'on revende pour un profit triple ou quadruple le suffrage au Ministère, comme le marchand qui fait d'*excellentes affaires*, en *plaçant* cent à Florence pour avoir dix à Londres ou à Paris ; enfin que la charge de gouverner le *divinissimum* d'Aristote, ainsi appelé de son antique analogie homérique avec l'art du pasteur qui ne vise qu'à se procurer le plus possible de laine, de lait, et souvent aussi de peaux, tirés de nombreux troupeaux de bipèdes raisonnables.

Qu'on ne l'oublie pas, je n'ai pas l'intention de noter ici les désordres. Il ne sont pas tellement le fait de notre époque qu'on en ait vu des traces dans les siècles passés ; il y en eut assurément, mais ils étaient plus rares et peut-être aussi plus éclatants. Les malheurs particuliers à notre âge, et qui font de ces désordres une maladie vraiment sociale, c'est qu'ils ne passent point pour tels aux yeux des hommes imbus d'autres principes. Et pour être plus dans le vif de la question, je dirai même qu'on ne saurait les appeler désordres, puisqu'ils sont ce que l'homme peut et doit faire de mieux. C'est l'unique voie qui puisse le conduire à la satisfaction de son désir inné de bonheur. Il est incontestable que dans la plupart des cas énumérés ci-dessus et surtout les plus marquants, on maintient ordinairement cette loi [illegible] au choix des moyens qui est de se tenir sur ses gardes afin de n'être pas importuné. D'où il suit que celui qui ne le fait pas lorsqu'il le peut facilement ne mérite pas pour cela d'en être critiqué comme [illegible], mais bien plutôt d'être repris comme étant incapable et inepte.

Quand dans un pays on voit professer et pratiquer une pareille théorie par la plupart des *sommités gouvernementales, politiques, financières, aristocratiques, militaires, scientifiques* et d'autres personnages moins importants soit par intérêt, soit pour d'autres motifs, il est facile de voir la profonde altération dans le sens moral du peuple. Il ne peut pas en être autrement. Cet ordre de croyances, de principes, d'opinions dont j'ai montré l'inséparable affinité avec la société chrétienne, doit disparaître comme ordre de convictions et de tendances sociales ; et sans préservatif, sans parfum, sans arôme, la corruption est prochaine et inévitable. Quand la société était chrétienne, ceux qui n'en faisaient point partie employaient peu cet arôme-là, et s'ils ne l'employaient pas, ils feignaient au moins de penser comme les autres ; mais quand l'idolâtrie de l'argent vint à prévaloir à la manière païenne, il fut bien difficile que les chrétiens sincères ne se ressentissent pas tant soit peu de l'atmosphère empoisonnée dans laquelle ils respirent et se meuvent. Parmi eux, il en est beaucoup qui malgré tous les *Beati pauperes* et les *Væ divitibus*, aiment mieux cent mille francs que cent seulement. Ils ne trouvent pas mauvais que celui qui possède un million fasse tout pour l'augmenter de manière à en avoir deux ou trois fois autant, et attendent leur mort pour se montrer généreux. Ils s'étonnent qu'on trouve peu convenable qu'un usurier devienne Comte ou Marquis, qu'un marchand drapier soit élevé au-dessus d'un Ministre, qu'un Juif soit Proviseur d'un lycée, qu'un Baron ait la figure d'un marchand de tabac, qu'une chanteuse ou danseuse soit plus honorée et mieux rétribuée qu'un Président de Cour de cassation ou un *Général d'armée*. Si un Chrétien s'avisait de faire cette question : Et quel mal peut-il y avoir dans tout cela? on pourrait lui répondre que sa demande prouve suffisamment que le sens chrétien est aussi altéré chez lui. La crainte de froisser les délicates susceptibilités de notre temps a tellement dénaturé ces textes de l'Évangile, qu'ils offrent peu de consolation aux riches et n'inspirent aucune frayeur aux pauvres. Cette disposition de quelques chrétiens laissera peut-être dans l'esprit du lecteur une impression peu favorable, relativement à la manière un peu leste, un peu crue dont j'ai parlé et dont probablement je parlerai encore.

Telle est la société que l'*Idolâtrie de l'Argent* a pendant de longues années illustrée et conduite avec une persévérance satanique. Elle est la fille légitime et naturelle de l'*Internationale*. Quelle que soit sa dénomination qui est susceptible de varier, la chose existe et doit exister. Si elle n'y était pas, elle y serait demain ou après-demain, et si je ne l'apercevais pas aujourd'hui, je dirais qu'elle est cachée. Elle doit y être absolument parce que ce qui pourrait s'opposer à son existence n'a rien de bien sérieux : laissée à ses forces elle doit nécessairement produire son effet. Les imprudents et les naïfs qui s'attendent à autre chose ne sont pas plus judicieux que celui qui, découvrant la mèche à laquelle on a mis le feu, s'attend à ne pas voir éclater la mine. Cette nécessité est si évidente et si palpable que d'après ce que nous venons de dire, on pourrait en déduire et même en décrire la Genèse de l'*Internationale*, comme on peut déduire et décrire d'avance la Genèse de la plante, en voyant la semence confiée à la terre. Mais ici nous n'anticipons pas, nous ne faisons que décrire une production déjà complète. Essayons d'en examiner le dossier pour qu'on connaisse bien l'étroite liaison qui existe dans leur manière d'agir.

Supposons que l'homme n'ait à espérer et à posséder que les biens de la terre et que pour les acquérir il n'y ait pas de meilleur moyen que l'argent. Supposons que les moyens pour obtenir cet argent ne soient soumis à aucun syndicat ultramondain ; les affections, les désirs, les soupirs se porteraient vers l'argent avec cette puissance irrésistible qui entraîne naturellement les hommes à se procurer ce bien-être qu'on appelle généralement le bonheur. Et puisque les riches ont cet argent en abondance et que les pauvres en manquent, ceux-ci se souciant fort peu des doléances des autres qui protestent avec serment qu'ils ne trouvent pas le bonheur dans leurs richesses, ne se croient pas moins victimes d'une injustice sociale par la raison que ces institutions sociales les privent d'un bonheur auquel la nature leur donne droit. De là l'*Internationale* qui se proclame instituée pour remédier à cet état de choses. Que pouvez-vous répliquer ? On peut dire que l'homme pour être méchant doit renier la logique ; mais il me semble que les *Internationaux* se conformant aux principes qu'ils apprirent, et aux faits qu'ils observèrent, devraient la renier eux-mêmes pour devenir honnêtes à la manière des chrétiens.

Je ne veux point omettre ici une dernière considération très-propre à confirmer ce que nous avons dit. Les moyens positifs et négatifs qui enseignent, pratiquent et célèbrent partout l'Idolâtrie de l'Argent ne suffisent presque pas à irriter la soif de l'or. La pauvreté soupçonneuse et frémissante a trouvé de nouvelles excitations dans ces fortunes subites, colossales, scandaleuses que font de nos jours des hommes obscurs, méprisables, et qui leur servent de piédestal pour la réputatiou et l'honneur de héros. Le fait qu'une fortune héritée de ses ancêtres et fruit de fatigues longues et honorables est plus difficile à acquérir, provoque dans le peuple des sentiments de haine et de malédiction. Des hommes du gouvernement, ont par des vols plus ou moins déguisés, amassé des millions en peu d'années et peut-être en quelques mois ; des joueurs de *Bourse* par des escroqueries qui les auraient conduits aux galères en dehors de ce *sanctuaire de Mammon* ; des spéculateurs de *Banques* de *prêts*, d'*actions*, de *loteries* à force d'usure, jusqu'ici privilége et honte des seuls habitants du *Ghetto*, en ont fait autant. Comment les pauvres pourront-ils résister à ce scandale et à cette tentation ? Ils s'imagineront avec raison que leur sueur et leur sang ont largement contribué à l'acquisition subite et aléatoire de ces fortunes. Ils estimeront également que si la société riche elle-même enrichit en peu de temps un petit nombre de prolétaires, elle ferait beaucoup mieux d'employer ses richesses à soulager les fatigues et à consoler les douleurs de tant de malheureux. Puisqu'il est certain que cette société ne le voudra jamais, ils doivent donc se faire justice. C'est là l'éternel refrain de ces aspirations furibondes, de ces cupudités inassouvies et disposées à obtenir une bonne fois satisfaction.

Ainsi l'*Idolâtrie sociale de l'Argent* entièrement libre de tout frein par le divorce que la société a fait avec le Christianisme, s'est emparée des masses privées de défense, et y a produit tout ce qui constitue les aspirations et les menaces de l'*Internationale*. La troisième cause extrinsèque a peut-être plus encore contribué à produire ce résultat. Nous allons en parler dans le paragraphe suivant.

§ III.

EXCÈS DE LA GRANDE INDUSTRIE.

Depuis quelques années, il n'est aucun sujet qui ait provoqué de la part des panégyristes des temps actuels autant d'éloges emphatiques et exagérés que celui des *miracles de la Grande Industrie*, pour me servir de leurs propres expressions. Ce sphinx caché, auquel la Providence avait confié la mission de bercer par des paroles et de flageller par toutes sortes de fautes et d'erreurs la France, l'Italie, et le reste de l'Europe, depuis une vingtaine d'années, n'a jamais dissimulé sa joie dans les discours publics. Bien qu'il y eût miracle, mais seulement comme toujours en espérance, *in spe*, le bien-être qui devait être le partage de toutes les classes devait paraître un véritable miracle en réalité, *in re*, les millions qui se multipliaient à vue d'œil, les *Expositions*, les cités modernes sans autres clochers que les chemins enfumés des *fabriques* ; sans autres temples que les *Palais de Cristal*. A l'aide de ces grands mots vides de sens on charmait une noble nation, essentiellement agricole et guerrière, presque naturellement chrétienne et destinée par la Providence à briller à la tête des nations civilisées ; mais changée en un peuple d'*industriels* et de *prolétaires* sans foi, elle est maintenant à la merci de la Prusse et plus encore de l'*Internationale*, avec laquelle elle ne peut vivre et dont elle ne peut se débarrasser. Si ce n'est pas là l'effet naturel et indispensable de la grande industrie, je dis alors que l'*Internationale* en est le miracle. Je puis affirmer qu'il y a quelque chose de prodigieux dans cette ignorance incroyable qui tient la société dans le sein de ce géant à mille bras. Si Dieu ne vient à son aide, elle y trouvera tôt ou tard sa ruine complète. Oh ! qu'elle est imprudente de se vanter d'avoir entretenu plus que les autres cette nourrice désastreuse ! J'en parlerai sous toutes réserves comme d'une chose que je n'ai ni lue, ni entendue. C'est pour cela que je suis tout disposé à me rétracter si je commets quelque méprise. Mais ce que je puis certifier, c'est que j'ai médité la chose mûrement et depuis longtemps, voulant que mes sentiments ne missent pas un bandeau sur mon esprit.

L'*Internationale* dit dans ses Statuts fondamentaux que

son but suprême et unique est l'*Émancipation du prolétariat par l'asservissement des capitaux et du sol.* Maintenant quel est le principe, quelle est la valeur de cette affirmation? Y eût-il jamais dans cet asservissement une parcelle de vérité? Celui qui regarde comme exagérés les progrès de la grande industrie doit suivre la décadence et la destruction de la petite industrie; et comme le résultat de cette destruction est de rendre le travailleur *prolétaire,* suivant l'étymologie latine, ouvrier de la dernière espèce, comme ses égaux et leurs descendants, il se trouve à la merci des grands patrons capitalistes. Quand on fait attention à tout cela, on comprendra facilement qu'il y a trop d'asservissement dans cette condition et qu'il n'y aurait rien de blâmable de vouloir en sortir en employant des moyens honnêtes. Assurément si les riches avaient été animés de sentiments chrétiens plus sincères, ils auraient empêché le désordre produit principalement par l'absence absolue de ces sentiments. Et en admettant que ce désordre pût se produire, ces sentiments en auraient rendu les tristes effets non-seulement supportables aux pauvres, mais même guérissables. En supposant que ces sentiments fissent défaut chez les uns et chez les autres, les riches, exclusivement préoccupés des *bénéfices considérables à réaliser* avec la grande industrie, ne feront pas attention aux tristes effets qui en résulteraient pour les pauvres. Ceux-ci à leur tour victimes de ces mêmes effets ont pris la détermination de s'y soustraire à l'aide de l'*Internationale.* Ils n'ont pas songé aux autres résultats qui s'en suivraient au préjudice des riches.

Il est à remarquer toutefois que ces désordres se sont produits surtout en Angleterre, où la grande industrie est plus ancienne et plus répandue. Bien que l'*Internationale* y ait son siége principal, elle n'a pas au moins jusqu'ici des ramifications aussi vastes et ne provoque pas autant d'ardeur frénétique qu'en France où la grande industrie est de date plus récente et moins répandue. La raison de cette différence est qu'en France l'*Internationale* reçoit de la révolution ses plus puissants auxiliaires sans que rien puisse y opposer un frein. Les Anglais, au contraire, trouvent ce frein dans leur caractère, leur respect traditionnel aux lois et leurs fortes institutions politiques. L'*Internationale* n'aurait aucune raison d'être en Italie où la grande industrie n'existe pas encore et vient à peine de commencer dans les États Sardes qui connaissaient déjà ces nouveaux systèmes. Quoique cette raison existe aussi pour nous, comme on peut s'en apercevoir par certains signes avant-coureurs, cette association y excite sans motif sans doute, mais par le seul penchant à imiter et la seule volonté de faire naître des bouleversements, et surtout parce que notre pays, qui en pareils cas a coutume d'aller à la remorque des autres, ne pourrait pas rester étranger à l'*Internationale* sans presque renier sa condition de grande nation. Mais pour mieux fixer les idées, il est nécessaire d'examiner en quoi, par rapport au travailleur, la grande industrie diffère de la petite, qui a toujours été pratiquée dans toute l'Italie. C'est précisément pour cela qu'il est utile d'appliquer cette différence dont l'un des motifs est ignoré.

La condition ordinaire de l'homme condamné journellement à vivre du travail de ses mains est sans doute très-pénible et tout à fait précaire. La société chrétienne offre cependant différents moyens de l'améliorer et de l'assurer, abstraction faite des secours particuliers que le talent peut procurer. Le jeune ouvrier qui s'engage librement chez un patron, avec peu de fonds, mais souvent avec beaucoup d'habileté, dirige une petite industrie dans une profession quelconque; il s'agit plutôt ici de l'art mécanique que de l'agriculture ; il était libre de choisir le métier qui lui souriait davantage et pour lequel il aurait eu plus d'aptitude, il était également libre de s'engager avec le patron qui lui faisait les conditions les plus avantageuses. Il arrive que par suite de sa rare capacité, il trouve beaucoup de solliciteurs qui l'engagent à mettre son travail en vente, pour le donner au plus offrant. Dans les travaux qu'il fait sans le secours de grandes machines que n'a jamais la petite industrie, il développe son talent, son aptitude, son habileté, il y prend ce goût que la nature a placé dans le succès, préférant des ouvrages faciles auxquels il trouve un gain en rapport avec la réussite. L'avantage qu'y trouve aussi son patron ne lui cause aucune surprise, aucune jalousie, aucune irritation. Il sait qu'il est plus capable que lui, qu'ils travaillent ensemble, qu'il a placé un fonds très-modeste dans cette industrie, afin d'y trouver quelque gain pour lui et pour les autres. Il est donc de toute justice qu'indépendamment du salaire de son travail, il y ait aussi un intérêt pour l'argent qu'il a engagé.

Mais ce qui dans la petite industrie contribue surtout à maintenir la concorde entre les ouvriers et les patrons, c'est la probabilité ou du moins la possibilité pour tout ouvrier de devenir patron. On n'est pas disposé à envier aux autres ce qu'on croit pouvoir faire soi-même un jour. Tout jeune homme a devant lui la *perspective*, comme l'on dit, de devenir patron, s'il se perfectionne dans son métier, si la famille lui laisse quelque chose et s'il fait des économies. Il peut ainsi se marier, but auquel il aspire, et le *nec plus ultra* des modestes aspirations de sa profession. Sans doute tous n'y parviennent pas, mais il y en a dans toutes les conditions, et chacun le peut avec l'aide de tous. J'ai connu à Rome, *Capitale des Arts*, beaucoup de chrétiens qui prenaient soin et se faisaient un titre de gloire de procurer aux travailleurs les moyens de devenir patrons.

Je n'ignore pas que pour faire fleurir les arts, il faut

plus de ressources que n'en peuvent avoir de simples ouvriers. D'un autre côté, si ces ressources se multipliaient, elles pourraient nuire à tous et même aux arts. Mais on y avait pourvu avec les *Corporations des Arts*, en prospérité partout, surtout à Rome, par les travaux en métal et en pierre ; et à Florence ainsi qu'à Naples où *la laine et la soie* prospéraient également. Ces associations et ces corporations entre ouvriers et patrons et auxquelles présidait toujours une pensée religieuse, étaient principalement instituées pour contenir dans de justes limites le nombre des patrons et tirer avantage du travail de tous. On pourvoyait en même temps aux nécessités des ouvriers malades, chargés de famille ou rendus par l'âge incapables de travailler. On prenait soin de leurs femmes et de leurs enfants. Mais indépendamment de ces considérations, l'inclination qu'ont les chrétiens pour la petite industrie était suffisante pour faire supporter aux ouvriers leur condition. Ils n'ont jamais pensé, en Italie, à s'émanciper par l'asservissement du capital. Ils savaient très-bien que cette émancipation leur aurait été ou impossible ou nuisible.

Ainsi avant que l'*Économie Sociale* n'apparût, et que les *Économistes* n'eussent fait leurs déclarations, les pays chrétiens avaient obtenu tant bien que mal dans la pratique un juste équilibre entre les travaux et les capitaux. Ils se flattent d'avoir été les premiers qui l'aient trouvé en théorie. Ce côté un peu raisonnable de l'*Internationale* excite les désirs de sa partie moins déraisonnable, qui, pour l'obtenir, lâche la bride aux scélérats qu'elle excite. L'origine de toute richesse vient du travail de la terre ou du capital ; il est donc juste qu'ils y participent dans la proportion de leur concours respectif. Au contraire, une des deux parties s'approprie injustement presque tout le gain produit par le concours de tous, ne donnant pas à l'autre ce qui est rigoureusement requis pour alimenter son travail, comme la machine à vapeur s'alimente avec le charbon de terre. Le système chrétien de la petite industrie, tel que nous venons de le décrire, a défendu presqu'à l'insu de tous cette justice et banni cette injustice. D'où l'on peut conclure logiquement que la modeste condition des patrons, généralement parlant, ne peut s'élever d'après ce système au-dessus de celle du travailleur ; et la condition du travailleur parvenir à celle du patron.

Pour faire voir au lecteur toute la différence qui existe entre la petite et la Grande Industrie dont s'énorgueillit tant notre époque et qu'on croit si féconde en prodiges, j'ai cru devoir faire une hypothèse qui, en d'autres pays, a déjà commencé à devenir thèse. Nous trouvons en Angleterre la seule thèse que nous connaissions. Supposez donc qu'un homme très-riche pour l'honneur de l'Italie, bien entendu, et pour l'avantage de l'humanité, mais aussi pour *réaliser des bénéfices* de 20 ou 30 p. 0[0, emploie ses millions à établir dans Florence un atelier *monstre* pour tous les ouvrages de bois ; depuis les plus grossiers comme portes cochères et fenêtres, jusqu'aux plus délicats d'ébénisterie et de marqueterie. Il est naturel que celui-ci, avec des moyens moins considérables, se pourvoie de machines les plus ingénieuses, de matières premières en abondance, achetées sur les meilleurs marchés et transportées à peu de frais ; et surtout *divise le travail*, c'est-à-dire assigne à chacun ce qu'il doit faire, de façon à ce que chaque ouvrier, ayant toujours le même travail, l'exécute avec plus de perfection. En agissant ainsi, il n'est pas étonnant qu'il vende ses produits à un prix trois fois moins élevé que les autres. Il est même possible qu'il les livre d'abord à moitié prix, sauf à revenir plus tard aux anciens prix quand il sera seul. Dans une semblable situation que feront les petits commerçants ? S'ils ne veulent pas travailler pour le même prix et même y mettre du leur, ils devront se soumettre à une concurrence aussi redoutable et travailler à leur propre compte. S'il n'est pas possible de s'expatrier, il l'est encore moins de changer de métier ; et pour ce motif, que de patrons et de travailleurs, capables de manier le ciseau et la scie, devront se mettre à Florence, pour ne pas mourir de faim, à la merci du grand industriel ! Comme il est seul, nul moyen d'en choisir un autre. Il dicte ses conditions relatives au travail, au temps et au salaire qui certainement sera moins élevé. Que faut-il à un homme par jour pour qu'il puisse vivre? S'il faut cent kilogrammes de charbon pour faire mouvoir une machine pendant dix heures, ne serait-ce pas un gaspillage d'en employer cent cinquante ? Ni lui, ni ses enfants n'auront plus la chère *perspective* de devenir patrons. En effet, d'après ce système, il n'y a plus de patrons, et la division du travail,avec le concours des machines, rend nécessairement l'ouvrier inhabile à faire par lui seul n'importe quel travail. A Genève, sur mille horlogers, il n'y en a peut-être pas un seul qui soit en état de fabriquer par lui-même une montre. Et quand même il serait capable d'en fabriquer une, qui l'achèterait vingt fois plus cher que ne valent les autres pareilles?

L'hypothèse que je fais pour Florence vient de se réaliser en Angleterre parmi les menuisiers pour divers travaux. En France, en Belgique, en Allemagne pour un très-grand nombre, comme les grands capitalistes qui, *pour le bien de l'humanité*, veulent se faire industriels. C'est ainsi que dans ces pays le *prolétariat* a envahi la classe ouvrière ; c'est une espèce de *caste*, condamnée par sa naissance à un travail quotidien qui ne pourvoit qu'aux nécessités *de chaque jour*. Il en résulte qu'il ne peut avoir de famille, ou s'il parvient à en avoir une telle quelle, il faut que femme et enfants se condamnent également pour vivre à la même fatigue. Comme le patron l'alimente les sept jours de la semaine, il n'y a pas de raison pour qu'il y ait une exception. Il est impossible que, d'après ce système, il n'y en ait pas beaucoup qui, pour différentes causes, manquent de travail ou qui soient inhabiles à le faire, soit par impuissance ou maladie, soit par ignorance ou vieillesse prématurée. Il faut cependant en prendre soin, si on ne veut les exposer à mourir de faim, à la honte de notre civilisation et au grand déplaisir de ceux qui les exploitent. Toutes ces considérations ont dû engager le Gouvernement à réfléchir. Pour remédier à cette plaie du *paupérisme*, conséquence inévitable du *prolétariat*, ce Gouvernement les convoque dans les *Work-Houses* pour leur donner quelques onces de pommes de terre ; quantité suffisante, d'après la médecine, pour ne pas mourir de faim. Ils doivent être bien nombreux puisqu'un des impôts les plus considérables qui se paient en Angleterre, la *Poor-tax*, est à peine suffisant pour leur donner cette petite quantité.

C'est le servage qui, d'après l'*Internationale*, a fait naître le *prolétariat*. Il a le tort immense de faire peser sur tous les travailleurs un grand malheur qui n'attaque seulement qu'une partie d'entre eux, et surtout de vouloir les émanciper par l'abolition générale des capitaux. Dans ces deux cas, néanmoins, le servage est un fait indubitable. Il est même plus barbare que celui des païens. Comme nous l'avons remarqué dans l'ancien esclavage, le maître portait à la conservation de l'esclave, sa propriété, un intérêt proportionné à ce qu'il lui rapportait. Dans l'esclavage moderne, le patron se soucie fort peu que l'ouvrier, après avoir travaillé, soit le lendemain bien portant ou malade, vive ou meure. Je sais bien qu'en France et en Belgique quelques *grands industriels*, inspirés par des sentiments chrétiens, font beaucoup pour leurs ouvriers au point de vue moral et en obtiennent de bons résultats. Mais que peuvent ces efforts isolés contre une gangrène qui menace

5

d'envahir la société tout entière, et surtout contre le désordre d'un pareil système? Je ne puis rappeler, sans frissonner, qu'il y a une vingtaine d'années je visitai, près de Manchester, un grand atelier où se trouvaient des personnes des deux sexes et de tout âge. A la vue de cet amas informe de chair humaine et de guenilles, je fis remarquer au directeur que pour ces fatigues endurées par des femmes et des enfants, le service de bêtes de somme serait plus utile. Il me répondit : *Les bêtes coûtent trop cher*. Je répliquai que ces infortunés vivraient bien peu de temps. Il ajouta : *Ils sont si nombreux!* Je gardai alors le silence et restai stupéfait. Si le lecteur se souvient de la théorie d'Aristote que nous avons exposée au Chapitre troisième, il sera surpris de voir que ce Philosophe ait prévu vingt siècles auparavant ce que nous pouvons à peine voir.

Ces abominations pour lesquelles Dieu réserve peut-être des châtiments à ceux qui en sont victimes, ont leur source dans ces excès de l'industrie, excès que je dis être la troisième raison extrinsèque de l'*Internationale*. Mais ces excès eux-mêmes ont leur racine dans cette idolâtrie insolente des richesses, et que j'ai mis comme seconde raison extrinsèque. Ils n'en seraient pas venus à ce point sans l'Apostasie sociale du Christianisme, Apostasie qui est la première raison extrinsèque. Tant il est vrai que ces raisons ont une grande connexité entre elles! Supposez la société pénétrée de sentiments chrétiens, de pareilles énormités seraient impossibles ou seraient comparées à ces choses monstrueuses aussi rares qu'abominables. Un chrétien riche, pour éviter des châtiments éternels, emploiera une partie de ses richesses à assister les pauvres, raison principale, sinon unique, pour laquelle Dieu les lui a données. Et si jamais il lui prenait envie de se faire encore plus riche en pressurant les pauvres, il serait partout exécré et n'oserait plus se faire voir en public. Dans notre société, de pareils enrichis sont appelés *bienfaiteurs de l'humanité*; ils portent des croix sur la poitrine et des cordons au cou; ils sont décorés de la *médaille de première classe du jury de l'Exposition;* ils y ont leur entrée, sont familiers avec les Juifs et deviennent Députés, Ministres, pour ne rien dire de plus. Ils sont admirés partout et reçoivent tous les honneurs. On trouverait difficilement quelqu'un qui en fût surpris. Qui sait quels regrets j'en aurai moi, misérable, pour en avoir parlé de cette façon! C'est assez! Ces réflexions démontreront que Titius ou Sempronius n'est pas seul responsable de cè changement du bien en mal. La société en est tout à la fois l'auteur et la complice. Elle mérite bien le châtiment de l'*Internationale* qu'elle s'est attiré forcément par la corruption universelle.

Et comment ce malheur aurait-il pu ne pas arriver ? De quels ressentiments profonds, de quelles rancunes et de quelles représailles ne doivent pas brûler ces cœurs ulcérés et frémissants ! Chacun sait que la doctrine et la pratique de l'Évangile pourraient faire naître une source de baume céleste pour calmer et consoler ces cœurs desséchés et blessés. Ce livre divin a jusqu'ici consolé le genre humain depuis dix-huit siècles. Nos malheurs actuels l'auraient trouvé aussi puissant et aussi bienfaisant. Mais non! ces malheureux refusent ces secours qui ne leur coûtent rien, leur retour est rendu impossible par l'incrédulité dont ils ont été saturés jusqu'ici, et dans laquelle ils restent opiniâtrement. On dirait que la société, qui ne paie pas du *maximum* de travail qu'elle en tire avec le *minimum* de dépense, veuille, de propos délibéré, les rendre souverainement malheureux en ce monde et en l'autre. Sans foi, sans espérance, abandonnés aux écarts de leur faible raison et aux instincts cruels de leur nature corrompue, que devront-ils penser de ce partage injuste et inhumain des destinées de la terre ? Ils se diront inévitablement qu déshérités de tous les biens et de toutes les jouissances de la vie, ils ont par leurs fatigues et leurs sueurs amassé cette richesse; que, maintenant épuisés, quelquefois estropiés et mutilés, ils n'ont plus qu'à attendre la mort dans un *Dépôt de mendicité*, si toutefois ils ne meurent pas de faim sur la voie publique. Cette richesse va encore remplir des bourses déjà bien garnies, et pour y parvenir ils n'ont qu'à apporter un *fort capital*. Une fois acquise, elle va s'ensevelir dans des coffres-forts, ou provoque des prodigalités extravagantes et des jouissances de Sardanapale. Maintenant que conclure de ces réflexions ?

J'ai déjà dit que telle n'est pas la condition de tout le *prolétariat*, et moins encore des ouvriers en général, mais seulement d'une grande partie. Néanmoins, les systèmes modernes s'efforcent de l'universaliser. Quoi qu'il en soit, celui qui en a atteint quelques-uns suffit pour communiquer la fièvre à des millions d'individus. Cette fièvre est montée à son paroxysme, comme nous le verrons tout à l'heure. C'est ce qui me sert de transition pour passer au Chapitre suivant.

CHAPITRE CINQUIÈME

Condition de nos populations à cet égard.

Si tous ceux qui en Europe doivent travailler chaque jour pour gagner leur vie avaient les idées et les aspirations de l'*Internationale*, qui sait ce que deviendrait le monde ? Mais, Dieu merci, il est loin d'en être ainsi. S'il y avait des hommes d'esprit, de cœur et d'autorité, il serait facile de détourner la tempête. Il n'y en a pas ou ils n'apparaissent pas : ou s'ils paraissent, c'est absolument comme s'ils n'y étaient pas. Quelle que soit la quantité plus ou moins considérable, elle produit néanmoins des résultats plus formidables que ne le comporte sa force effective. Les causes qui l'ont produite, ne cessant pas d'opérer, acquièrent chaque jour beaucoup, ne perdant rien ou peu de chose. Il y a d'autres éléments qui viennent l'exciter ; si ce ne sont pas encore ces excès de la grande industrie qui paraîtraient pouvoir, sinon la justifier, au moins l'excuser en partie et l'expliquer. Cette considération me conduit à examiner la situation de nos peuples, et particulièrement de ceux qui sans être fatigués du *prolétariat* et du *paupérisme*, tel est sans doute le peuple italien, veulent sinon l'*Internationale* pour elle-même, au moins, et pour les mêmes raisons, quelque chose de semblable.

Le travailleur qui n'est pas encore devenu *prolétaire* a une condition assez dure, plus dure même que ne se l'imaginent ceux qui ne l'ont jamais examinée de près. Mais celui qui a du cœur et qui vit avec lui doit voir qu'il est souvent tourmenté par ses misères. Le besoin qu'il a sans cesse de travailler pour vivre et pour nourrir sa femme et ses enfants ; l'incertitude où il est de trouver du travail ; le manque qu'il en a souvent ; les infirmités de toutes sortes et les chômages qui augmentent les dépenses en diminuant le gain ; la cherté toujours croissante des loyers et des vivres, et cela sans proportion avec l'augmentation des salaires ; la solitude d'un célibat plus accablante alors que le poids d'une famille ; toutes ces causes forment de cette condition, qui compose les quatre cinquièmes du genre humain, un tel fardeau de privations et de souffrances, que les Chrétiens peuvent à peine le supporter malgré les secours spirituels et temporels dont j'ai parlé. Supposez que cet ouvrier soit un homme, et on sait quels hommes forment nos Gouvernements actuels. Prenons pour exemple le Gouvernement italien ; on ne sait si cet homme sera baptisé, instruit dans une école primaire par un athée, n'ayant aucune connaissance du repos du dimanche ; élevé pendant cinq ou six années dans l'impiété de la caserne, n'entendant que les blasphèmes et ne lisant que les faits scandaleux, racontés par d'exécrables journaux ; entouré de maisons de prostitution ; marié par le syndic, il porte donc en lui-même une haine implacable à tout ce qui tient du prêtre et de la sacristie. Il est bien évident qu'il n'aura pas besoin de devenir *prolétaire à l'anglaise*, pour se transformer en *international à la française*. Il a de puissants motifs de rester dans sa condition.

Pour avoir une idée de la rage excessive et des rancunes invétérées de cette secte, il n'est pas nécessaire de vivre dans un pareil servage, sous la tyrannie des capitaux, ni même d'y penser. A notre ouvrier placé dans des conditions assez chrétiennes il suffit de ne plus être chrétien et de perdre toute foi, toute espérance et toute crainte dans la vie future. Son cœur ardent et son imagination vive suppléeront à ce qui manque de la part de son oppression. Sa situation qu'il exagérera lui paraîtra une injustice sociale qui appelle de sa part la réaction et la vengeance. Que d'exagérations, que de mensonges n'emploie-t-on pas pour réussir en supposant les dispositions morales dans lesquelles il se trouve et qui ne diffèrent guère de celles de l'*Internationale !*

Persuadé que tout finit ici-bas, il soupire naturellement et nécessairement après le bonheur. Ses soupirs se traduisent par une soif ardente et insensée de ces jouissances terrestres dans lesquelles il pense que cette félicité se trouve et dont il se voit sans cesse privé. La raison de cette privation est que la nature marâtre en le jetant sur cette terre ne lui donne pour patrimoine que la force des bras et la sueur du front. Ajoutons à cela (ce qui n'est pas rare dans ces conditions) un cœur où s'agitent des passions effrénées, des vices innombrables qui pour se repaître recherchent l'argent qu'ils n'ont pas. Dans de pareilles conditions, je le demande, cet homme peut-il rester tranquille dans son état sans doute supportable, mais qui pour dix heures de travail par jour ne lui rapporte pas plus de deux francs ou deux francs cinquante centimes. Sans être placé précisément dans cette extrémité lamentable où se trouve le véritable *prolétariat* en face du grand capitaliste, notre ouvrier *sans préjugés* aura à faire des comparaisons sociales; et s'il n'en fait pas, on lui en suggèrera. Dans tous les cas, il arrivera nécessairement qu'il se courroucera. En effet, que devra-t il penser lorsqu'il comparera sa situation déplorable à l'orgueil plein de morgue et au luxe oisif et voluptueux des viveurs qui consomment ce qui pourrait suffire à quatre cents comme lui? Ils n'ont d'autre droit à ce qu'ils appellent le bonheur que le caprice de la fortune qui les a fait naître peut-être coquins enrichis ? Ne prendra-t-il pas ce luxe insensé pour un outrage à ses sueurs et à ses misères? La pensée de réparer par eux-mêmes ce caprice du sort et cette injustice de la fortune se présentera spontanément, n'en doutez pas, à ces esprits animés de pareilles dispositions, comme les *Communistes* et les *Internationaux* en inspirent.

Si nous parlions d'esclaves païens, la difficulté serait bien vite levée. Comme je l'ai déjà dit, l'esclave païen tenait de l'ingénu et du libre. Il savait plus que son maître qu'il n'avait pas plus de droit que la chèvre et la bête de somme. S'il lui paraissait naturel que pour le plaisir de son maître il dût se faire tuer dans un amphithéâtre ou dans un triclinium, il concentrait en lui une rancune fomentée par l'envie et la vengeance! Mais la condition de nos peuples à cet égard est bien différente. Chez nous le pauvre, le travailleur se croit en tout égal au riche; il sait qu'il a les mêmes droits naturels, la même dignité humaine, les mêmes aspirations vers les jouissances qu'il peut se procurer. Et comme si cela ne suffisait pas, les niveleurs ont prôné sur tous les tons l'*égalité* et la *fraternité*, au point d'en remplir la tête et d'en assourdir les oreilles. En outre, ils l'ont instruit, policé, élevé, lui ont appris mille choses qu'il vaudrait beaucoup mieux ignorer. Et comment prétendre que celui-ci, leur *frère* et leur *égal* en tout, reste, dans ses souffrances et ses fatigues, spectateur impassible de leur bonheur oisif et scandaleux? L'Église peut proclamer avec force dans le monde ces deux redoutables pensées de fraternité universelle et d'universelle égalité, sans crainte de le bouleverser ou plutôt avec la certitude de le régénérer par la vertu de l'élément surnaturel. Mais cet élément renié et rejeté, ces deux pensées sont devenues chez les peuples apostats deux foyers permanents d'incendie, une semence de perpétuelle agitation, sans espoir d'accord paisible. Puis, comment voulez-vous que le pauvre, n'attendant rien de l'autre vie et attendant tout de celle-ci, ne trouve pas pour le moins une ironie sanglante, une dérision véritable, dans cette fraternité-là, lorsque pour elle un frère languit et meurt dans les peines et le dénûment et l'autre se réjouit dans une voluptueuse oisiveté? Belle égalité que celle où l'un trouve son superflu, tandis que l'autre manque du nécessaire! Mais passe pour l'ironie et la dérision, parce que cette nation n'a pas le sentiment des convenances. Ce qu'il y a de pis, c'est qu'elle veut y voir une injustice plus criante que l'ironie et plus insupportable que la dérision : et comme il est persuadé qu'il ne peut autrement redresser cette injustice, il est tout naturel qu'il travaille à ce redressement.

Ici paraît le dernier et le plus inextricable nœud de cette difficulté qui place les peuples modernes dans une condition unique dans l'histoire ; et cependant il n'est pas étonnant qu'il se produise des agitations, prélude de bouleversements inouis. Ce point de vue me paraît avoir une telle importance que j'ai cru devoir lui consacrer ce Chapitre. C'est à ce titre que je le recommande à l'attention du lecteur.

Nos populations, par suite de raisons bien connues, sont soumises à un terrible antagonisme entre leurs idées et leurs passions, entre leurs esprits et leurs cœurs. C'est ce qui rend impossible cette union intérieure sans laquelle l'harmonie extérieure ne saurait exister. Pour tout dire en deux mots elles ont des pensées très-chrétiennes et des aspirations très-païennes; et avec cette lutte intestine comment peuvent-ils être tranquilles et laisser les autres en repos? D'abord tout cet ordre d'idées, thèse du capital, que tous les hommes sont frères parce qu'ils sont enfants d'un même père qui est Dieu, et que tous peuvent être régénérés par Jésus-Christ, de qui le monde l'a-t-il appris sinon de Jésus-Christ lui-même? Or, cet ordre d'idées constitue la dignité et fait l'orgueil des nations civilisées qu'elle sépare des barbares. Mais à côté de lui, il y en a un autre qui regarde la vie future et la vie présente, noviciat laborieux de l'autre. Celui-ci ne peut se séparer de l'autre sans précipiter le monde dans ce cataclysme où nous le voyons, et sans le menacer d'un plus redoutable encore vers lequel nous nous acheminons. Et cela précisément pour avoir commencé ce divorce du cœur et de l'esprit.

D'abord les idées chrétiennes au sujet de l'égalité et de la fraternité ont été maintenues par les systèmes modernes, mais avec des exagérations telles qu'on les prendrait pour des fictions. Peu satisfaits d'avoir une famille de frères, ils ont prétendu établir un Aréopage, un Sénat, une armée de Souverains. Ils l'ont dit, l'ont ressassé sur tous les tons et avec un sérieux imperturbable. Aussi, ce grand enfant qu'on appelle le Peuple, n'a-t-il pas commis une grande faute en s'y laissant prendre, surtout quand ses maîtres ont promis de faire plus encore pour obtempérer à la *volonté souveraine du peuple Souverain*. Cependant, par la guerre qu'ils ont déclarée au Christianisme, et le divorce que la société a fait avec lui, ils ont banni du cœur du peuple, autant qu'il a été en eux, la croyance à une vie future, avec toutes les aspirations qui en découlent. Ils lui ont substitué les convoitises du Paganisme en attendant tout de la terre et sur la terre. C'était peu: ils ont augmenté le prix des denrées en excitant les passions, et en les saturant de scandales, ils ont fait briller à leurs yeux les espérances burlesques d'un *bien-être universel*. Astolphe, de l'Arioste, aurait peut-être pu trouver ce bien-être dans le disque de la lune, mais dans notre monde sublunaire on ne l'a jamais trouvé et on ne le trouvera jamais. Ensuite qu'en est-il résulté? Ce qui devait en résulter c'est ce qu'ont exécuté sous nos yeux les *Communistes*, les *Internationaux*, les simples ouvriers ; ces derniers, n'ayant aucune raison d'être rien de tout cela, ont trouvé plus avantageux de rester travailleurs et de ne point croire à une autre vie.

Les innombrables *condamnés involontaires aux travaux forcés à perpétuité* ont perdu le bienfait de la Foi, pour ne pas mourir de faim, ils n'en ressentent pas moins les conséquences de cette condition pénible qui place leur cœur dans une guerre incessante avec l'esprit. Ils veulent employer tous les moyens pour rétablir l'harmonie entre ces deux leviers, les plus puissants de l'activité humaine. Les *frères* pauvres prétendent se mettre sur le même pied que les riches en ce qu'ils estiment le plus utile : dans l'argent ; les *égaux*, laborieux et souffrants, veulent s'égaler aux riches en ce qu'ils croient le plus agréable : dans l'oisiveté et les jouissances.

Quelle objection pourraient faire ceux qui souffrent ? Leur propre injustice ? Précisément ! L'*Internationale* avec sa suite nombreuse prétend s'établir sur la justice. Elle affirme même qu'elle n'a paru que pour réparer une immense injustice pesant sur l'humanité depuis six mille ans. C'est peu de l'affirmer. Selon les principes de 89, Code inviolable de tous les Gouvernements actuels, ils ont raison de l'affirmer, de le prétendre quand ils disent que c'est le peuple. Si j'avais le malheur de professer ces doctrines, je plaiderais en faveur des *Internationaux* et des ouvriers leurs partisans ; j'aime à croire que mes services ne déplairaient pas à ces frères. Mais ils n'en auront pas besoin, parce que leur cause sera plaidée autrement que par des allégations ou des discours.

Et qu'il me soit permis d'ajouter une dernière considération, dût-elle être une redite, car c'est là le point essentiel de la question. Celui qui ne croit pas à la Providence, et qui nie cette vérité primordiale, doit nécessairement voir une injustice choquante dans la distribution arbitraire des biens et des maux. J'en ai déjà parlé. L'ayant constamment devant les yeux, il sera plus enclin à en ressentir les effets, à les exagérer, et à se persuader qu'il a eu la plus mauvaise part dans cette injuste répartition. D'un autre côté, ne pouvant pas attendre la réparation de cette injustice à laquelle il ne voit point de remède, il veut l'assurer par les moyens qui sont à sa disposition. Les moyens les plus prompts lui paraissent les meilleurs. La loi, expression de la justice, étant le principe fondamental des systèmes modernes, dépendra exclusivement de la volonté du peuple, c'est-à-dire de la majorité. Quand l'*Internationale* et les ouvriers qui font avec elle communauté de biens, avaient dans le peuple une supériorité numérique, qui aurait osé leur résister ? Quand il fut question de dépouiller des *êtres moraux*, les Princes et le Souverain Pontife, la jurisprudence sur laquelle on se basa fut la volonté du peuple. Ce fut là le point de départ de toutes les spoliations qui ont eu lieu. Eh bien ! reprennent les autres, si cette même volonté populaire entendait appliquer ces raisonnements et ces progrès aux *êtres individuels*, et cela pour le salut du plus grand nombre qui l'exigerait impérieusement, que pourrait on lui opposer ? Qu'aurait-on à objecter ? La seule différence qui existe entre les deux cas, c'est que dans le premier la volonté du peuple fut pour les gouvernements spoliateurs une supercherie et un mensonge, tandis que dans le second cette même volonté serait pour l'*Internationale* et les ouvriers spoliateurs une réalité véritable.

Mais comme les ministres Cavour, Rattazzi, Lamarmora,

Menabrea, Lanza, etc., soutenus par les plats valets des Parlements, purent *exproprier* Pape, Souverains et *êtres moraux* innombrables, ainsi un *Ministère international*, soutenu par un *Parlement ouvrier*, pourrait *exproprier des êtres individuels*, et il s'en trouverait à commencer par les héritiers de Cavour, de Rattazzi, de Lamarmora, de Menabrea et de Lanza, n'étant point de ces hommes qui ont pris le pouvoir pour rien. Toutefois, cela n'empêcherait pas tous les possesseurs du sol et des capitaux, une fois expropriés, de procéder bientôt *à une nouvelle réorganisation de la propriété. Ils feraient reposer cette réorganisation sur le travail individuel et coopératif, d'après les statuts* du dernier Congrès que l'*Internationale* a tenu à Lausanne, le 4 septembre 1870. Ces statuts, si je l'entends bien, doivent établir que dans la nouvelle société, celui qui voudra manger devra travailler par lui-même, et, pour coopérer au bien-être de tous, il ne devra manger qu'à proportion de son travail. A ces premiers, au comble de la puissance, nous avons dit et nous ne cessons de redire : Vous êtes injustes, vous en imposez à l'autorité publique ; ce que vous prenez ne vous appartient pas. Nous aurons aussi le droit et le courage de tenir le même langage aux seconds, quand bien même nous ferions partie de ces personnes spoliées par ceux-là, nous ne pourrions plus l'être par ceux–ci. Ceux qui regardèrent ces Ministres et leurs créatures comme des héros dont ils exaltaient les actions et exposaient les portraits à la vénération publique, et cela de toutes les façons, comment s'y prendraient-ils pour dire aux *Internationaux* et aux ouvriers : Vous êtes des voleurs et des fripons ? Ajoutez que ce changement de langage rouverait une explication facile et naturelle dans le changement de personnages, les faisant devenirs volés, de voleurs qu'ils étaient.

Cet appui juridique que l'*Internationale*, avec les classes ouvrières incrédules, trouve dans une erreur excessive admise et professée par tous les Gouvernements constitue cette grande et véritable puissance qui a placé nos peuples dans une condition violente et maladive, fatale et difficile à contenir. Cette erreur qui fait la force de l'*Internationale*, et qui est un ver rongeur, a mis ces Gouvernements dans l'impossibilité de se prémunir, comme c'était leur droit et leur devoir, contre ce péril immense. Ils seront encore impuissants à se défendre quand ce péril qui n'est maintenant qu'à l'état de menace passera dans le domaine des faits. Nous allons en parler dans le Chapitre suivant.

CHAPITRE SIXIÈME.

Ce qu'on peut espérer de la défense sociale.

Nous parlons d'une institution, ou plutôt, pour ne pas profaner ce mot, d'une ligue, d'une société qui se propose impitoyablement non pas de réformer comme font les autres, mais de détruire de fond en comble la société actuelle pour en établir une autre sur ses ruines, sans dire ce qu'elle sera. Il y aurait une grande sécurité à détourner un tel danger de la société, qui, poussée par l'instinct de sa propre conservation, fera les derniers efforts pour ne pas se laisser détruire. J'admire avec quel amour la nature veille à la conservation de ses œuvres. Bien que uniquement occupée de la conservation des espèces, suivant Aristote, elle ne prenne pas beaucoup de soins des individus, néanmoins elle y pourvoit autrement en leur en laissant ce soin. Elle donne à chaque être une existence particulière, l'unit à d'autres, et les incline fortement à se conserver. Cet instinct de conservation se révèle surtout dans les êtres animés. Quoiqu'ils soient les plus petits et les plus faibles, ils sont néanmoins capables d'efforts et de hardiesse, comme ils ne le seraient pas dans toute autre circonstance. D'après cela, la société se voyant menacée par l'*Internationale* d'une ruine complète, devra trouver dans cet instinct un aiguillon puissant pour s'en débarrasser, sans distinction d'opinion ou de parti ; surtout lorsqu'il s'agit de ce que les hommes ont de plus vif dans leurs intérêts, de plus noble et de plus saint dans leurs affections. Quand les peuples civilisés de l'Europe suivront cet instinct et agiront sérieusement pour la conservation et la défense de la société, elles rencontreront des difficultés telles que leur action sera complétement paralysée.

Ce point de vue qui nous occupe révèle toute la différence qui existe entre l'état sauvage et l'état civilisé. Dans le premier chacun pense et pourvoit à ses besoins et à ceux de sa famille, et si un danger commun nécessite une défense commune, tous se mettent d'accord et agissent de concert avec une adresse et une connaissance merveilleuses. La victoire reste presque toujours au plus grand nombre, parce que tous combattent sans exception. Si on avait pu agir ainsi en Europe, on aurait eu à redouter une attaque de la part de l'*Internationale*, mais jamais une défaite. Et probablement la certitude de cette défaite l'aurait découragée de l'attaque et de la lutte. Les *Internationaux* fussent-ils trois millions en France, on en trouverait le double prêt à combattre pour sauver avec la société, la propriété et la famille. En admettant qu'il y en eut dix millions dans le reste de l'Europe, ils auraient à faire à vingt millions capables de porter les armes.

Les choses se passent bien autrement chez les nations moins avancées sous le rapport de la civilisation. Chez elles, les individus ne peuvent rien ou presque rien pour la chose publique, en sorte que s'ils se réunissaient pour agir en commun, ils seraient regardés comme rebelles.

Un Gouvernement régulier a le devoir très-impérieux et très-délicat de défendre tous les sujets. C'est son droit parce qu'il doit en répondre devant Dieu et devant les hommes. La société, du reste, lui en fournit les moyens par ses lois, ses tribunaux, sa force armée, son argent. C'est le fruit du travail et des sueurs des citoyens qui, pris isolément, ne peuvent rien. Ainsi, avec notre *centralisation* moderne exagérée, quand on vient à constituer cette puissante machine gouvernementale qui parmi tant d'inconvénients a encore celui de devenir victime d'une poignée de factieux qui s'emparent de tout pour subjuguer, opprimer, maltraiter, sans que des millions d'hommes puissent s'y opposer ; si tout cela ne s'effectuait pas par un mouvement populaire qui a toujours quelque chose de sauvage et qu'essaient rarement les honnêtes gens, j'ignore s'il serait jamais de quelque utilité. Il est donc manifeste que dans la défense sociale, les simples particuliers ne peuvent rien directement, soit pour prévenir l'invasion de l'*Internationale*, soit pour s'opposer à son triomphe, soit pour en secouer le joug, quand elle réussit à s'emparer du pouvoir. C'est ce qu'elle a fait à Paris, quand elle s'est rendue maîtresse de la *Commune* alors que celle-ci était partout. Et que purent les Parisiens pour s'y soustraire, bien que se trouvant en nombre beaucoup plus considérable ? Ils auraient péri si l'armée de Versailles n'était venue les délivrer !

Il est certain que si les particuliers ne peuvent rien directement, ils peuvent quelque chose indirectement soit par la parole, soit par des écrits, par voie de persuasion, afin de prémunir le plus grand nombre qui, Dieu merci, ne s'est pas encore laissé aller à ces sortes de séductions. L'action de l'Église, quoique affaiblie par le Gouvernement, est encore puissante et salutaire, et la seule, comme je le dirai plus loin, qui empêche la foudre d'éclater. Ici toutefois il ne faut rien dire des particuliers ni des hommes d'Église. S'imaginer qu'on pourra exercer une influence directe sur l'*Internationale* ou sur tout ce qui s'y rapporte, est une illusion qui n'a pas besoin de preuve. Quand la fièvre en est venue à ce point, les orateurs des *clubs* et les journalistes des carrefours, peuvent embraser la voie, comme un immense incendie auquel on fournit un nouvel aliment. Vouloir détruire ce paroxysme, le calmer par des moyens de persuasion ou du raisonnement, est une chimère ou une utopie.

Lorsque, en 1848, le Communisme, vaincu dans les rues de Paris par les armes de la République, restait aussi vif dans les cœurs de milliers d'ouvriers exaspérés de leur défaite, et méditant une revanche, Thiers, épouvanté de ces excès, crut porter un dernier coup au monstre en publiant à deux cent mille exemplaires une brochure sur *Le Droit de Propriété*. Il pensait qu'elle aurait plus de puissance que les canons de Cavaignac. Y paraît-il ? Comment les progrès du XIXe siècle pourraient-ils ne pas rendre *l'humanité* accessible aux lumières de la raison? En réalité ce petit opuscule ne contenait que *les lumières de la raison*. Il était une image fidèle de son auteur : style élégant, phrases pompeuses, bons mots ingénieux, mais absence complète de principes. Quel en fut le résultat ? Un coup d'épée dans l'eau! Me trouvant alors à Paris (qu'on me pardonne ce souvenir personnel) j'avais la satisfaction de voir souvent une imprimerie où travaillait un Socialiste des plus avancés. Je l'entendais faire des gorges chaudes, des quolibets sur le *Doctrinaire qui se fait beaucoup d'argent avec ses discours frivoles, s'imaginant les défendre de même. Voulait-il autre chose? C'était à voir !* Et il l'a vu dans sa maison, une des premières peut-être réduite en cendres à cause de son livre sur *Le Droit de la Propriéte*; et à reconstruire *aux frais* de la nation. Si lui et ses amis eussent été chrétiens, il est indubitable que la nation n'aurait pas eu à supporter cette dépense ajoutée à tant d'autres. Quant à ces malheureux, vous ne pouvez pas opposer le : *non furaberis* du Déca–

logue, vous ne volerez pas, ni faire voir que l'enfer est réservé aux voleurs ; tous vos raisonnements seront inutiles. Que pourrez-vous répondre à celui qui, poussé par cette rage, jure qu'il ne veut pas mourir sans jouir de la satisfaction de voir à ses pieds, pâles et tremblants, ces riches qui lui rendaient la vie si malheureuse ? Que pourrez-vous répondre à celui qui proteste avec serment que, n'ayant point pu goûter ici-bas toutes les jouissances, veut au moins avoir le plaisir de les anéantir ? Ces objections cruelles et anti-sociales peuvent-elles trouver une réplique qui ne soit pas de fer et de plomb ? Pour moi, je ne la trouve pas.

Elle est impossible. Mais comme il est manifeste que l'Autorité publique doit la donner, quand le besoin s'en fait sentir, elle doit aussi ne pas se laisser aller à cette extrémité où il faut la donner de toute nécessité. La *prévention* et la *répression* forment donc deux devoirs qui achèvent complétement la *défense sociale*. La transgression réfléchie et volontaire, la répression négligée par une hésitation coupable, à cause des maux incalculables qui en résultent et dont on ne peut prévoir la durée, constituent ce délit de félonie, de trahison, d'assassinat social, un des plus grands délits que puisse commettre un homme contre ses semblables. Si presque toujours on réussit à échapper aux tribunaux humains, on n'échappera pas au tribunal de Dieu, le seul qui puisse proportionner le châtiment au crime.

S'il s'agit de *prévention*, et si l'on examine la manière dont les Gouvernements l'ont exercée jusqu'ici, soit à l'égard de l'*Internationale*, soit à l'égard de toute autre corporation, on ne saurait être taxé d'exagération en disant que la trahison sociale a déjà commencé et marché rapidement. Il y a plus : à voir la lenteur, l'incurie, l'indifférence et les tempéraments que l'on apporte à accomplir ce devoir le plus important de tous, on serait porté à croire que très-souvent les Gouvernements sont de connivence avec les conspirateurs et peut-être même les complices. Toutefois, cette hypothèse offre ici une difficulté qui la rendrait presque incroyable. De fait, nos Gouvernants, n'ont-ils pas quelques ressources, soit en argent, soit en terre? Et dès lors pourquoi auraient-ils gouverné ou Gouverneraient-ils autrement? Comment croire qu'ils veuillent prêter leur concours aux *expropriateurs du sol et du capital?* La certitude de la complicité une fois admise, on doit trouver une raison à ce concours. Cette raison qui apparaît à chaque page de l'histoire se trouve dans ce terrible jugement de Dieu qui confond la sagesse de ces sages orgueilleux, et permet qu'ils préparent leur ruine de leurs propres mains. Celui qui a examiné la chute subite et honteuse de l'Oncle, grand capitaine, et celle du Neveu, grand jongleur, ne doit pas s'étonner de rencontrer quelque chose d'analogue dans les Thiers, les Lanza, les Beust et enfin les Bismark, avec leur puissance respective plus ou moins impuissante. Cette raison élevée n'empêche pas qu'il ne s'en trouve d'autres d'un ordre inférieur, et qui en sont les instruments habituels.

Bornons-nous à ces dernières raisons. La première qui fait que les Gouvernements sont si faibles pour paralyser les efforts des sectaires et notamment des *Internationaux*, c'est l'identité de principes que professent les uns et les autres. On ne saurait croire à quel point cette identité rend l'esprit incertain dans les jugements à porter et affaiblit le bras de celui qui est obligé par devoir d'empêcher les complots qui se trament, et d'arrêter ceux qui sont déjà tramés sans un bon droit quelconque. Celui-ci suffit pour confondre l'esprit et désarmer le bras! S'agit-il d'un Evêque, d'un Prètre, d'un Religieux, un de ces Gouvernements se montre d'une cruauté inexorable, parce qu'il a des principes opposés aux leurs, comme l'eau et le feu. La présence de l'homme d'Église suffit pour le jeter dans le trouble, l'exaspérer, parce que si sa bouche ne dit rien, sa croyance parle suffisamment : *Avec toute ta puissance, ta richesse et ton orgueil, tu n'es qu'un misérable ; et si tu persistes dans cette conduite, ta damnation éternelle est certaine.* Il arrive qu'affectant au dehors un suprême dédain, on éprouve au dedans un sentiment semblable à la crainte. On ne parvient jamais à faire taire absolument cette voix intérieure qui est la véritable ; et alors? Jugez s'ils n'ont pas la volonté de les éloigner d'eux quand ils n'ont pas le pouvoir de les faire disparaître du monde. Mais pourquoi s'élever contre ces pauvres *Internationaux* qui, attachés comme eux aux mêmes principes de 89, n'ont d'autre tort que celui d'être plus logiques qu'eux ? En effet, quand ces Gouvernants voudraient s'arrêter dans ces conséquences qu'ils trouvent si favorables, les *Internationaux* se voyant très-mal, veulent aller où ils croient être mieux. Si celui qui est bien à présent se trouve mal plus tard, qu'importe? Ce sont de ces nécessités logiques auxquelles il est juste que chacun se prépare ainsi que les autres.

A cette identité de principes si puissante pour affaiblir l'action *préventive* dans la *défense sociale*, ajoutez l'identité de la profession parce que les Gouvernants furent surtout conspirateurs et sectaires comme ceux qu'ils devraient réprimer ; ajoutez la reconnaissance pour les services rendus, services qui ont contribué à leur élévation et dont en Italie ils peuvent encore avoir besoin. Le Gouvernement italien, pour ses glorieux exploits, n'a pas eu d'auxiliaire plus dévoué et plus bruyant que cette vile populace dont se grossissent les rangs de l'*Internationale*. Ajoutez toutes ces raisons, ensuite demandez-vous si de pareils Gouvernants peuvent avoir pour la défense sociale autre chose qu'une velléité stérile de combattre un ennemi aussi arrogant et aussi puissant? Et n'ont-ils pas de grands motifs de s'effrayer et de s'apercevoir de leur extrême faiblesse? Incapables de voir dans les causes les effets qu'elles produisent, rassasiés des biens de ce monde, ils trouvent fort commode de se passer de Dieu, et ne sauraient prévoir le bouleversement effroyable que prépare une foule laborieuse, souffrante, entourée de privations et condamnée à vivre sans Dieu. S'en apercevront-ils ? Ils sont persuadés qu'arrivés à cette extrémité fatale ils pourraient arrêter la tempête. Cette considération me conduit naturellement à examiner si, à défaut de la *prévention*, la défense sociale pourrait être suffisamment assurée par la *répression* qui menace de tomber dans l'écueil préparé par l'*Internationale* et dont il faut soigneusement tenir compte.

Quand cette secte farouche apparut avec d'immenses armements, la société (et qui ne le voit pas?), pour continuer de vivre, n'aurait pas d'autre moyen que de repousser la force par la force, *vim vi repellere*. C'est ce que, en pareil cas, ferait une souris pour se soustraire aux étreintes du chat. Je suis persuadé qu'on le tenterait en Italie. Je veux espérer pour l'honneur de l'armée italienne que nos troupes, avec leur valeur et leur discipline, ne seraient pas inférieures à l'armée française, et qu'elles triompheraient de cette insurrection, comme celle-ci a triomphé de la *Commune de Paris*. Toutefois, ce triomphe hypothètique nous inspirerait des réflexions bien graves, et sans nous causer de joie pour le présent, il ne nous rassurerait pas sur l'avenir.

Je ne dirai pas l'immense faute que commit la société en permettant à cette association antisociale de se former et de se développer au grand jour, ce qui pourrait amener une guerre fratricide. On aurait pu empêcher ces extrémités en employant contre tous ces conspirateurs la moitié des sévérités qu'on a mises en usage contre des Ecclésiastiques inoffensifs et contre de faibles religieuses. D'un autre côté, nous admirerions et nous louerions la bravoure de ces soldats qui donneraient leur vie pour le salut de la société. De quelle exécration ne couvririons-nous pas l'infâme connivence ou la stupide niaiserie de ces hommes qui, par sympathie pour des sectaires ou par reconnaissance pour des conspirateurs, exposeraient les soldats aux horreurs d'une guerre civile? Le sang de tant de jeunes gens honnêtes ravis à l'affection de leurs familles, n'est cependant pas du sang de poulet ou de mouton! Il vaut bien celui de cette crapuleuse engeance à laquelle on ferait grâce au lieu de l'envoyer à la potence ou aux galères! Je ne dirai rien du danger de Ministres ignobles, d'un phlébotomiste, d'un marchand fripier, d'un usurier qui n'ayant rien à perdre en réputation ont tout à gagner en argent, attachés, comme une mascarade, avec le ruban, au char gouvernemental. Ils prennent au besoin la fuite à la hâte ou en secret, leur *responsabilité ministérielle* en poche, pour aller se réjouir avec les petits millions (non en papier) qu'ils ont placés en Angleterre ou en Amérique. Quant à l'Italie laissée à la garde de Dieu, y pense qui veut. Il est très-probable qu'elle tomberait entre les mains des *Internationaux* armés, qui en feraient une proie facile pour leurs cupidités et leurs représailles. Je n'en dirai rien. Je me bornerai à une autre considération qui, en expliquant le présent, peut nous dévoiler l'avenir.

J'ai supposé que l'armée italienne ferait *pour le moment* son devoir. Je dis *pour le moment*, et veut-on en savoir la raison? C'est parce qu'elle est formée de campagnards chez lesquels vit encore le sentiment chrétien; celui du devoir n'est pas moins vif, puisqu'il est le seul qui soutienne l'homme raisonnable dans cette épreuve difficile de rencontrer la mort dans la fleur de l'âge et de la force. Je sais bien que des motifs purement humains peuvent soutenir ce sentiment du devoir chez les chefs, de quelque grade ou de quelque religion qu'ils soient. Parmi ces motifs, le plus élevé, quoique n'étant pas le moins vide, c'est celui de la *Renommée* qui doit s'occuper de ceux qui ont péri comme elle s'est occupée dans les dernières batailles franco-prussiennes des deux cent mille qui ont succombé et de tant de millions qui les ont précédés. Pauvre renommée ! Comme elle a à faire pour s'occuper de tant d'hommes ! Elle suffirait cependant à nous raconter leurs exploits, comme Homère s'en fait raconter par sa Muse ; nous ne suffirions pas à les mentionner. Les fantassins, les simples soldats qui composent presque toute l'armée, quand ils ne sont pas adonnés à la boisson et aux femmes, comme l'étaient les bataillons français dans les guerres républicaines et napoléoniennes, s'inquièteront bien peu *des quarante siècles qui les contemplent du haut des Pyramides d'Égypte;* s'ils ne sont pas soutenus par un sentiment chrétien du devoir, ils en trouveront difficilement un autre : surtout quand ils combattent contre des hommes parlant la même langue et ayant la même patrie.

Si, à l'absence de pensée chrétienne, vous mêlez un spécifique de l'*Internationale* avec la dose correspondante de passions non assouvies et furieuses, vous aurez la mesure de ce que pourraient faire des troupes ainsi disposées. Elles se tourneraient bien vite contre vous, au lieu de combattre our vous. Les hommes du peuple sont en général travailleurs et pauvres ; et quand ils seront pénétrés des théories et des aspirations de l'*Internationale*, ils pourront risquer leur vie pour piller les biens des riches. Mais ils ne se laisseront pas arracher un cheveu pour les conserver. Un Colonel qui devrait conduire au feu un Régiment d'hommes choisis dans la populace de Milan, de Naples ou de Palerme, pourrait être certain de le voir *musique en tête* déserter en face de l'ennemi, comme firent les bataillons français qui, *à la Villette*, fraternisèrent avec les soldats de la *Commune*, premier scandale de ce genre dans cette nation si chevaleresque, mais, précisément pour cela, scandale de mauvais augure. Parmi nous la *défense sociale* paraît, du moins sous ce rapport, assurée pour le moment, parce que, comme nous l'avons déjà dit, la plus grande partie des militaires venant de la campagne ont encore le sentiment chrétien très-vif dans leur cœur ; et tous les efforts que le Gouvernement a faits jusqu'ici pour les corrompre, les démoraliser, ont été infructueux.

Voulez-vous savoir ce qui en résulte ? C'est que si ces Gouvernants sont encore au pouvoir ; s'ils ont l'espoir d'y rester dans ce chaos *socialiste* ou *international*, ils le doivent au Christianisme pour lequel ils professent tant de haine. C'est tellement vrai qu'on pourrait trouver en eux quelque chose de semblable à ce que Saint Augustin rappelle de quelques Gentils du cinquième siècle, qui au moment où Rome était envahie et saccagée par les Barbares, trouvèrent un asile protecteur dans les temples de ce Christ qu'ils avaient tant de fois maudit et blasphémé. Qu'ils se mordent les lèvres, ces héros, car leur œuvre de destruction n'a pas encore réussi suivant leurs espérances. Si le Christianisme était moins profondément enraciné dans notre peuple, et moins assidûment soutenu par notre clergé, que nos Gouvernants volent et persécutent, ces derniers auraient bien vite décampé avec leurs tentes, à ma grande satisfaction. Quoi qu'il en soit, si ce départ n'a pas encore eu lieu, tout semble annoncer qu'il ne saurait tarder.

CHAPITRE SEPTIÈME.

Quand et comment finira la situation actuelle.

Afin de ne pas encourir le reproche de *Naturalisme*, qui ne tient aucun compte de l'intervention divine dans le gouvernement du monde, on peut se rappeler ce qui a été dit dans l'*Introduction* au sujet de cette réserve relative aux promesses divines qu'on étend au-delà des limites réelles. Une semblable réserve ne paraît pas confondre *ce que Dieu peut faire avec ce qu'il fera*. Ce premier objet est illimité autant que la Toute-puissance divine elle-même ; le second est caché et insondable comme les secrets de sa Sagesse. Ces deux objets forment pour notre esprit un tel abîme qu'il ne peut y penser sans courir risque de sombrer. Le mieux est de tenir pour certain que Dieu peut faire tout ce qu'il veut et quand il le veut ; que rien n'arrive sans sa volonté ou sa permission, et que tout ce qu'il veut ou permet n'arrive, selon la pensée profonde de Bossuet, que pour la sanctification et la glorification des élus. C'est, du reste, la fin dernière de l'Église et de la création. D'après cela, prétendre mêler à nos conjectures *ce que Dieu peut faire* quelquefois contre la marche naturelle et ordinaire des causes secondes, reviendrait à se fermer toute voie à une conjecture quelconque. La raison en est que nous ne pouvons pas prendre pour point de départ cette marche naturelle et ordinaire. Le philosophe croyant et le philosophe incrédule qui ne tient aucun compte de la Providence sont ici absolument dans la même condition. Quant à nous, nous sommes persuadé que les événements, par une disposition divine, peuvent se produire d'une manière entièrement opposée à nos prévisions. Dans ce cas, nous n'avons aucun motif de nous en alarmer et de nous croire plus trompé que celui qui aurait pensé que l'eau ne pût devenir du vin, comme cela eut lieu aux noces de Cana. Au contraire, le philosophe incrédule ne sait que penser dans une semblable conjoncture ; il maudit alors la fortune et l'événement qui se produit. S'il était assez modeste pour avouer qu'il s'est trompé, peut-être cette fois-ci se tromperait-il précisément dans cet aveu qu'il s'est trompé.

Tenons-nous en toutefois aux seuls éléments que nous procurent les faits actuels dont nous nous occupons. A celui qui nous demandera si tout cela *finira*, nous lui donnerons hardiment une réponse affirmative. Et, par là, je n'entends pas cette fin universelle vers laquelle hommes et choses se précipitent chaque jour. Une pareille affirmation aurait quelque chose de puéril. Je n'entends même pas cette fin dans le sens moins étendu comme celle qui a lieu pour les *passions humaines* ou *la guerre qu'elles font faire à l'Église* ou pour les *souffrances des bons*. Ces souffrances sont le résultat de la fureur des méchants qui font également souffrir l'Église dont ils sont membres. Tout cela forme l'élément indispensable à la moralité de cette vie. C'est notre destinée, et nos souffrances ne doivent avoir de terme qu'à notre mort. Par ce mot de *fin*, j'entends cette forme particulière que revêtent les passions humaines : guerre à l'Église et conséquemment souffrances des bons. Cette guerre entreprise par l'*Inter-*

nationale et les autres associations semblables par leurs tendances et leurs enseignements, cette guerre finira sans que nous puissions en préciser l'époque, non plus que la seconde partie de l'interrogation mentionnée plus haut. Tout annonce que cette fin sera universelle et violente, parce qu'elle aura atteint son but.

Cette probabilité que je pourrais presque qualifier de certitude morale se déduit logiquement de la nécessité que les raisons intrinsèques, extrinsèques, positives et négatives qui ont produit l'*Internationale*, restent vivaces et actives comme elles ne l'ont jamais été. Rien n'indique qu'elles doivent cesser; tout montre au contraire qu'elles se fortifieront et s'étendront de plus en plus. Comment donc l'effet pourra-t-il cesser? Ou plutôt comment ne le produiront-elles pas jusqu'à son entier et final accomplissement? Dans les systèmes modernes tout contribue au développement de la cupidité, à l'infatuation de l'orgueil, à la destruction de ces préservatifs et de ces freins que l'Église pourrait opposer. On peut être persuadé que cette cupidité et cet orgueil, ce dépit de ne pas être riche et cette rage de le devenir, iront se développant de mois en mois et même de jour en jour. Maintenant il importe d'opposer à cet ennemi soupçonneux de la société des forces toujours nouvelles, tirées de cette société même. Cette lutte doit avoir un terme; il faut nécessairement arriver à un point où la partie qui augmente doit l'emporter sur celle qui diminue dans la même proportion.

J'ai affirmé, il est vrai, dans le Chapitre précédent, que si une lutte suprême venait à s'engager, la *défense sociale* trouverait sa sécurité dans la valeur et dans la fidélité de l'armée. Mais néanmoins le lecteur jugera utile d'apporter une restriction à cette prévision qui est la meilleure des hypothèses. Autant dire qu'il y a lieu d'espérer *pour le moment,* parce que nos populations agricoles, à quelques exceptions près, sont encore restées attachées au Christianisme, et que, même dans les villes, la plupart ont été élevés par des chrétiens. Attendez que les systèmes modernes aient bien formé la nouvelle génération, que les campagnes connaissent mieux l'*Internationale* ou ce qui s'en approche, et vous verrez si cette expression *pour le moment* ne doit pas être regardée comme le terme d'une lettre de change à très-courte échéance. La condition de l'Italie ne différera guère de celle de la France qui, à peine sortie d'une lutte terrible, se prépare à une autre qui pourrait amener finalement son entière défaite. Cette crainte si rationnelle est confirmée par ce fait que, en 1848, le *Communisme* a essayé ce qu'il a effectué en 1871, sous une dénomination nouvelle, dans la lutte qu'il engagea à Paris. Les insurgés n'en occupèrent alors qu'un tiers ; maintenant ils l'ont occupé tout à fait ; alors ils ne purent tenir que trois jours ; maintenant ils ont tenu pendant deux mois ; alors ils voulurent dominer ; maintenant ils ont voulu détruire ; alors toute l'armée fut fidèle et les volontaires du cuple, dits *mobiles*, vinrent se joindre à elle ; maintenant les bataillons de la *Villette* passèrent à la *Commune*. A l'aide de ces données-là vous pourriez presque demander la réponse à l'arithmétique. Si pendant tant d'années cette association a fait tant de partisans, combien en faudra-t-il pour qu'elle soit maîtresse du terrain ? Croyez-bien que l'x donnerait un résultat peu fait pour inspirer une grande joie, même en supposant le mouvement uniforme lorsqu'il paraît bien plutôt accéléré en proportion géométrique.

Revenons à l'Italie, sans perdre de vue la France, sa sœur et son modèle. Depuis 1848, la Révolution ne s'est jamais arrêtée sur cette pente fatale où elle s'est placée. Tout ce qu'elle a convoité, elle l'a obtenu ; elle a voulu chasser l'Autriche et elle l'a chassée avec le secours des baïonnettes étrangères ; elle a voulu des ordres représentatifs, elle les a; elle a voulu l'unité politique avec la dépossession de quatre Princes, elle l'a obtenue; elle a voulu accomplir l'unité avec l'usurpation des États de l'Église, elle l'a accomplie. Ce n'est pas tout ; elle a voulu couronner cette unité avec Rome capitale et détruire jusqu'au Pouvoir temporel des Papes, elle l'a obtenue. Rome est capitale et le Pouvoir temporel est détruit. Que pourrait-on vouloir de plus? Ne serait-il pas temps de s'arrêter ? La Révolution pourrait dire comme l'homme de l'Évangile : Repose-toi, mon âme, tu as du bien pour plusieurs années. *Quiesce, anima mea, habes bona in annos plurimos.* Vraiment la Bourgeoisie voltairienne, première et même unique cause de toutes révolutions, en compagnie de tous ces cosmopolites sans argent et sans jugement, aimerait tant à jouir enfin du repos ! Ce serait si commode ! Et pourtant il en est ainsi. Elle a raison de vouloir les retenir pour jouir de leur triomphe, pour s'engraisser au ratelier gouvernemental et pour cesser toute lutte du Gouvernement contre l'Église, deux éternelles rages de cette engeance. Pendant que la Bourgeoisie triomphante se dit à elle-même : repose-toi, *quiesce*, elle doit sentir quelqu'un qui lui impose cet ordre arrogant du démon au Juif-Errant : *Marche ! marche !* Malheureusement, au point où elle en est arrivée, elle ne peut plus trouver que le précipice.

La foule innombrable des travailleurs, c'est-à-dire des pauvres, a été l'instrument que la Bourgeoisie voltairienne a préparé de longue main et dont elle s'est servie pour accomplir ces révolutions ; ce qu'elle n'aurait pu faire autrement. Cette foule a été bien avisée de travailler pour d'autres non-seulement sans rien gagner, mais en y perdant beaucoup. Le journalisme athée, les maisons de prostitution qu'on a multipliées et protégées, la liberté du blasphème, le travail du Dimanche, et semblables trésors, pour les classes ouvrières, amassés par des Avocats et des Marquis, tout cela est certainement quelque chose mais n'est pas tout cependant, si on n'a pas d'argent, condition indispensable pour se procurer des jouissances. Les classes ouvrières, loin de gagner, ont perdu et perdent de plus en plus, et si elles connaissaient les systèmes modernes, elles comprendraient et ont commencé à comprendre qu'on n'a rien à gagner à faire des révolutions. Je ne parlerai pas de la disparition de cette quantité de monnaie à laquelle on a substitué un énorme monceau de papier qui pourrait bien un beau jour ne plus servir qu'à allumer la pipe ou le cigare. Un système insensé d'impôts, mais indispensable pour entretenir suffisamment la mangeoire gouvernementale où les rassasiés puissent donner aux affamés, augmentera toujours les intérêts et le prix des loyers. Les développements de l'Industrie diminueront toujours les salaires jusqu'à ce qu'étant devenue la *Grande Industrie*, par les raisons données dans le Chapitre IV, elle produise son effet naturel qui est le *Prolétariat*. Jugez maintenant si nos ouvriers qui ne sont pas flegmatiques comme les Anglais, et qui ont été instruits et formés par les Avocats et les Marquis voudront s'arrêter ! S'ils avaient été formés par des Curés et par des Frères, il y aurait peut-être quelque raison de l'espérer, mais de la part de travailleurs instruits par eux, ce serait un rêve ! Ceux-ci ne veulent pas retourner en arrière, mais bien plutôt aller toujours en avant ; et si la Bourgeoisie veut s'arrêter et se plaindre, ils la forceront de marcher ; ils l'ont juré ! Juif-errant ou tranquille, *marche, marche !* au risque de te casser le cou et de perdre la vie.

Ce résultat n'est pas douteux, il est inévitable de l'aveu même des *Internationaux*. Pour moi, je ne fais que traduire leur langage et reproduire leurs paroles. Mais quand bien même ils ne l'auraient pas dit, il serait facile de le deviner. Le cycle fatal de la Révolution s'ouvre en France par le triomphe du *Tiers–État*, en 1789, qui dépouilla et bannit la Noblesse et le Clergé. Depuis plusieurs années des despotes l'ont amenée en Italie, et récemment en France, profanant tout ce qui est sacré et s'engraissant à la double *industrie* des Gouvernements et des Ouvriers. Maintenant ce cycle ne se fermera qu'à l'arrivée au pouvoir des classes ouvrières. Celles-ci entendent bien chasser pour le remplacer le *Tiers-État*, c'est-à-dire la Bourgeoisie, qu'elles qualifient de *décrépite* et de *pourrie*. Si elles n'ont aucun doute sur le droit que leur donnent les principes de 89, sur lesquels s'appuie le *Tiers-État*, elles en ont encore beaucoup moins sur le succès de leur entreprise. Elles savent très–bien qu'elles sont et qu'elles seront la majorité et qu'elles ont la force en mains. Si elles ont assuré si souvent le triomphe des autres, on doit bien penser qu'elles travailleront alors pour leur compte.

Ce triomphe, si je ne me trompe, ne pourrait en aucune manière se borner à la politique. Une République démocratique remplacerait nécessairement une Monarchie constitutionnelle. Ce qui n'empêcherait pas la Bourgeoisie de tenir presque seule en main la truelle, comme en France, sans satisfaire en rien les aspirations des classes ouvrières. Ces classes affirment que pour être *émancipées du servage du sol et du capital*, il est utile de résoudre la question sociale et politique. S'il en est un grand nombre qui désirent la solution de la seconde, c'est par amour pour la première. En France, la démocratie républicaine a beaucoup d'adhérents, l'*Internationale* y est répandue et plus active qu'elle ne l'a jamais été. Ce qui prouve qu'elle poursuit un but éminemment social. Le *Tiers-État*, lui, ne poursuit qu'un but politique qui suffit, du reste, à son ambition et à ses convoitises. Si l'*Internationale* s'occupe de la question politique qui lui paraît insuffisante, c'est qu'elle lui fraie le chemin pour arriver à la réforme sociale, seule capable de la satisfaire. C'est donc là qu'elle veut tendre, et qu'elle tendra.

On se demande si le triomphe de l'*Internationale* rendrait possible l'établissement du *Communisme*, et si la société pourrait s'en accommoder ? On se demande ce qui arriverait ensuite dans le cas où il ne durerait que peu de temps, comme il arrive assez souvent pour les avortons? Le lecteur a déjà pu comprendre que je ne dois pas faire de prédictions, mais produire des raisonnements qui me permetttront, je l'espère, de satisfaire à ses demandes.

Monseigneur Francesco Nardi dans la *Voce della Verità* donne un excellent aperçu des différents *Partis qui s'agitent en France*, et compte pour cinquième et dernier parti le *communiste socialiste* ou *international*. A cette question : La grande officine qui est à Paris va-t-elle éclater de nouveau ? Il répond : « Contre elle nous n'avions presque « pas d'autre défense que sa grande incapacité égale à sa « malignité. Cependant chaque jour accumule de nouvelles « matières inflammables, et le véritable et unique moyen « qui pourrait la supprimer fait totalement défaut. Un « peuple sans Dieu fait peur, et cette nation-ci est trop ce « peuple là. »

Ces paroles confirment de tous points les observations contenues dans ce Chapitre. On peut dire que les Gouvernements poursuivent l'œuvre diabolique de former des peuples sans Dieu ; et rien ne fait prévoir qu'ils veuillent reculer ou s'arrêter dans cette voie. Tôt ou tard la mine devra éclater en France, en Italie, partout; en un mot, où elle a été préparée. Ici on me demande de nouveau : Le *Communisme* sera donc établi dans le monde? Je réponds : Nous pourrons revoir encore des spoliations, des destructions, des massacres que n'a point connus la *Commune de Paris*. Des efforts insensés pourront être tentés encore. Tout est possible. Mais que ces horreurs puissent servir de fondement à la société, c'est une illusion tellement extravagante, qu'elle ne peut venir qu'à un esprit en démence. Une société qui en arriverait là, devrait s'attendre à une destruction totale réservée à quiconque se révolte contre les prescriptions de la nature.

L'ordre physique a des lois immuables, nécessaires, que l'homme n'a point établies, mais auxquelles il doit se conformer, s'il ne veut pas périr comme celui qui prétendrait se nourrir avec du fer ou se rafraîchir avec du feu. De même, le monde moral a ses lois auxquelles l'homme ne peut se soustraire sans s'exposer à aller en prison, à l'hôpital ou même à une mort inévitable. Parmi ces lois, il y en a une principale qui nécessite l'homme, pour atteindre la perfection, à vivre en société, et conséquemment à posséder ; c'est ce qu'on appelle le *droit de propriété*. Aristote, dans les *Économiques*, le démontre par de nombreux arguments Il suffit de reproduire celui-ci : L'homme, dit-il, a le droit de s'approprier le fruit de son industrie et de son travail, car autrement, personne ne serait disposé à travailler. De plus, si tout était en commun, personne ne prendrait soin de ce qui serait la propriété de tous : *res communes minime omnium curantur.* Nos Municipes doivent en savoir quelque chose. C'est ainsi que seraient taris dans leur source les deux principes de toute bonne économie, à savoir : *La production et la conservation.*

L'*Internationale* veut s'opposer à cette loi fondamentale de la société. Pour se débarrasser des riches qui dissipent dans leur oisiveté, et des pauvres qui malgré leur travail sont sans ressource, elle voudrait convertir les villes en autant de couvents, elle qui les a toujours poursuivis de sa haine. Là, chaque citadin aurait de par le Syndic ou le

Préfet, comme les religieux les ont du P. Abbé, la nourriture, le vêtement, le logement et le travail. Les frères, sans aucun doute, s'y trouveraient parfaitement à leur aise.

Du reste, il n'est pas besoin d'arguments spéculatifs, puisque la pratique et l'expérience sont là avec leurs conclusions. Les *Communistes* ont été vaincus en 1848, à Paris, mais des centaines, des milliers des leurs auraient pu aller dans l'Amérique Septentrionale avec l'argent d'un Anglais extravagant et celui qu'ils auraient amassé. Ils y achèteraient des terres considérables, mettraient tout en œuvre pour y établir une société sur le nouveau type, dont le premier modèle aurait dû tenter l'Europe, et lui donneraient, je ne sais trop pourquoi, le nom de *Phalanstère*. Mais cette société n'aurait que quelques mois de vie, car *les citadins de l'avenir* commenceraient à se voler, à se tuer, à se manger entre eux, au milieu d'un tel désordre que le Gouvernement des États-Unis, malgré son respect proverbial pour la liberté, devrait disperser la nouvelle société, en en laissant quelques épaves retourner en France. Elles y reviendraient épuisées, déguenillées, pour aller peupler les prisons, les hôpitaux et les petites maisons. Il est donc bien prouvé que l'établissement du *Communisme* ne pourrait avoir qu'une très-courte durée et courrait d'autres dangers.

Cette impossibilité pour le *Communisme* de s'implanter dans la société même pour un temps très-court, saute aux yeux de quiconque a une intelligence pour réfléchir. On comprend que tant de travailleurs ignorants se soient fait illusion à cet égard. Mais on ne saurait admettre que cette illusion soit partagée par des hommes habiles et instruits comme il y en a dans l'*Internationale*. Ces derniers doivent se rendre mieux compte de cette impossibilité. Pour parvenir à leur but, ils laissent circuler ces utopies communistes dans les rangs de la multitude qu'ils surexcitent par tous les moyens. On sait ce qu'ils ont l'habitude de faire. Ils s'emparent du pouvoir par la violence, en usent comme ils savent en user, c'est-à-dire pour satisfaire leur cupidité et leur ambition déguisée. Si l'on voulait admettre l'hypothèse d'un but social semblable à la nouvelle association ou société dont nous parlons, ce serait de maintenir la Famille et la Propriété. Mais la distinction entre le riche et le pauvre, ou du moins la trop grande disproportion qui règne entre eux paraît aux Communistes un désordre choquant. Au moyen de la répartition qu'ils veulent faire de la propriété et du travail, de l'*Impôt progressif* et *du partage de la société entre travailleurs et capitalistes*, ils comptent obtenir une certaine égalité entre tous. Cette égalité du moins ferait disparaître ces scandaleuses différences qui font le joug et le tourment des classes ouvrières. Par *Impôt progressif*, ils entendent que chacun paierait dans la proportion de ce qu'il posséderait. Celui qui aurait plus paierait davantage ; celui qui aurait moins paierait moins. Ainsi Titius possède 100 francs, il paie 13 francs, il lui reste donc 87 francs. Sempronius possède 1000 francs, il paie 900 francs, il lui reste 100 francs. En sorte que leur situation se trouve presque la même. Par cette association ils entendent non pas qu'on paie chaque jour le travailleur, mais que celui-ci, entré en société avec le Capitaliste, ait sa part au bénéfice de l'Industrie dans la proportion de son travail.

Je n'ai pas à examiner ces prétentions exorbitantes, ce serait hors de mon sujet. Cependant il est indubitable que s'ils voulaient entreprendre des réformes *sociales*, ils se verraient contraints d'en venir à ces essais, non dans une âme vile, *in animâ vili*, comme cela a lieu quelquefois parmi les bêtes, mais dans une âme très noble, *in animâ nobilissimâ*, comme cela doit être dans la société. Toutefois, on peut presque établir *a priori* qu'en cherchant à faire disparaître du monde la richesse et la pauvreté, ils n'obtiendront aucun résultat sérieux par la raison qu'ils ne pourront pas l'obtenir. Comme je l'ai fait voir dès le commencement, cette différence est, en quelque sorte, d'institution divine, parce qu'elle est fondée sur les dispositions immuables de la nature. Le riche et le pauvre y sont parce que telle est la volonté de Dieu, *utriusque operator est Dominus ;* et que toutes les tentatives de l'homme ne pourront jamais l'empêcher.

Nous pouvons voir également ce qui adviendrait après les fureurs des *Internationaux excessifs* et les essais des *Internationaux modérés.* Il est nécessaire que le riche et le pauvre vivent ensemble, malgré la disparité de leur condition. C'est une loi rigoureuse. Il n'y a pas de difficulté pour le riche, parce que, satisfait de son sort, il ne cherche aucun changement sinon celui qui le conduirait à une situation plus prospère encore. Toute la difficulté se trouve donc dans le pauvre qui peut troubler la société comme il l'a fait si souvent. Il est impossible d'échapper à ce dilemme dont les termes sont opposés comme l'affirmation et la négation, comme le oui et le non. En effet, le pauvre est satisfait de sa situation où il ne l'est pas. Dans le premier cas, on peut vivre en paix ; mais le secret de réaliser cette hypothèse ne peut s'obtenir que par le Christianisme, reçu comme Institution sociale ; et on sait que sous ce rapport il a presque disparu. Dans le second cas, il ne suffit pas de comprimer le pauvre, pour vivre en paix, il faut encore l'opprimer ; et cette oppression n'a jamais eu lieu et ne saurait avoir lieu sans un esclavage semblable à celui du Paganisme. Ce Paganisme n'existe même pas. Quand la société après ce cataclysme devra se reconstituer sur des bases plus solides, elle ne pourra sortir de ce dilemme : ou redevenir chrétienne avec la charité chez le riche et la résignation chez le pauvre, ou retourner au Paganisme avec la servitude. Quoiqu'il en soit, un de ces deux résultats est inévitable pour sortir de cette situation si précaire, précisément parce qu'elle n'est ni chrétienne ni païenne. Elle n'a pas les avantages du Christianisme ni ceux du Paganisme, et le peu de baume qui lui reste de son premier état lui fait sucer le venin.

Quel est celui de ces deux résultats qui se réalisera ? C'est le secret de Dieu, que nous devons adorer dans les sentiments de la plus humble confiance. Il n'appartient qu'à lui d'envoyer une nouvelle verge de fer pour opprimer le monde ou des saints thaumaturges pour rendre à la société la liberté chrétienne qu'elle a perdue. Toutefois, si l'on fait attention à cette indigne Apostasie par laquelle la société contemporaine a rejeté le Christ, cette société mérite assurément d'être rejetée à son tour ou plutôt de retomber dans ces ténèbres et ces abominations païennes d'où elle avait été retirée. D'un autre côté, si l'on considère le grand bien qui germe et se fortifie dans cette Europe si déchirée, si épuisée, si défaite, et, par-dessus tout, si l'on tient compte de cette infinie bonté de Dieu, nous avons tout lieu d'espérer que les desseins de sa miséricorde l'emporteront encore sur ceux de sa justice.

CONCLUSION.

—

LES LIS ENTRE LES ÉPINES.

Cet écrit met en évidence toutes les scélératesses humaines, depuis celles qui paraissent moins grandes jusqu'aux excès de l'*Internationale*. Il doit sembler étrange que notre *Conclusion* ait pour titre une phrase ou une image biblique la plus délicate, et qu'on ne rencontre guère en dehors des saintes aspirations des livres ascétiques. Je pense néanmoins que le lecteur perspicace aura déjà saisi la raison pour laquelle je l'y ai placée. C'est afin de lui ôter la surprise pénible laissée dans son esprit par la lecture de ces pages. Il est naturel que je dise encore quelque chose après avoir parlé d'autres choses et d'autres personnes.

Sans doute, en composant cette brochure je n'ai pu avoir la prétention de ramener à la vérité les *Internationaux*. Thiers, en 1848, n'a pu réussir, comme il l'espérait, à convertir à ses idées les *Communistes* de Paris. Je serais bien présomptueux si je me flattais de cet espoir après les progrès qu'ils ont réalisés dans cette société gangrenée, après les conquêtes qu'ils ont faites et les discours audacieux qu'ils ont prononcés. Peut-être aurais-je pu tenir compte de la sagesse de quelques *libéraux* qui avec leurs nouveaux systèmes ont conduit la société à cette extrémité déplorable dans laquelle elle se débat d'autant plus qu'ils en ont la plus grande part, pour ne pas dire la part principale. J'avoue cependant que même de ce côté je n'avais conçu aucune espérance. En effet, et c'était ma conviction, s'il nous arrive à nous autres chrétiens de dire *meâ culpâ*, paroles qui font partie de la Liturgie, ce serait inutile d'en recommander la pratique à cette génération si remplie d'arrogante fatuité. Quoique sur le point de sauter par la mine qu'ils ont préparée et allumée, nos libéraux n'en continueront pas moins à se regarder comme les plus sages de ce siècle, et dans cette catastrophe, ils en rejetteront la faute sur le *Syllabus* et sur le dogme de l'*Infaillibilité*, tous deux proclamés quand le *Communisme* avait déjà accompli d'immenses progrès. Ajoutez que les premiers par suite de leur excessive incapacité, et les seconds par leur orgueil insensé, n'ont pas l'habitude de lire de pareils écrits. Si la parole ne coûte qu'un peu de fatigue pour se faire entendre et n'a pas d'auditeurs, il faut encore moins en attendre d'un écrit dont la lecture exige quelque fatigue et quelque dépense. C'est pour ce motif que j'ai composé ces pages.

Mon but principal, sinon unique, a été de venir en aide aux personnes chrétiennes, vivant au milieu des scandales, gémissant de voir l'iniquité triomphante, outragées de mille manières dans leurs affections, et lésées dans leurs intérêts les plus chers. C'est pour elles une habitude de chercher dans de bonnes lectures une consolation, ou, si l'on veut, un aliment pour les conversations qu'elles ont entre elles. J'ai cru également rendre ce petit service aux Romains, les derniers que la Révolution a saisis et opprimés en Italie, et qui en trouvent le joug intolérable. Là, plus que partout ailleurs, elle s'est laissée aller aux emportements les plus excessifs ; et le peuple n'a pas encore acquis cette souplesse que donne l'habitude de la souffrance. Témoin comme je l'ai été de la conduite admirable que les Romains ont montrée de novembre à juillet (et fasse le ciel que ce ne soit pas pour la dernière fois !) de sentiments nobles, de résolution généreuse, qu'a fait paraître ce peuple chrétiennement civilisé, j'ai voulu lui offrir ce gage d'une admiration et d'un souvenir affectueux que la distance et le temps n'ont pas diminués.

Beaucoup de ces personnes qui n'encenseront pas les nouvelles idoles, s'en éloigneront ou les poursuivront impitoyablement, et, (le nombre en est considérable en Italie,) seront tentées de se demander après avoir lu ces pages: Comment celle-là va-t-elle? Nous détestons l'*Internationale* avec les actions indignes qu'elle a déjà faites et celles plus indignes encore qu'elle médite. Nous nous opposons à ces systèmes libéraux qui laissent à cette mauvaise plante le temps de germer et de croître jusqu'à produire des fruits détestables. Nous avons fait tous nos efforts pour en atténuer autant que possible les coupables effets. Comment se fait-il que nous soyons pris par ce buisson d'épines, quand nous devons être certains que nous en serons piqués et déchirés comme les autres et peut-être plus que les autres pour différentes raisons ?

Je suis persuadé que cette difficulté se présentera à l'esprit d'un grand nombre, mais je le suis également que ces personnes chrétiennes trouveront dans leurs croyances mêmes une solution facile et claire. Elles laisseront aux *Internationaux* le triste privilége de voir dans les voies de la Providence des injustices qu'ils doivent redresser. Cette solution s'accorde avec la sublime et universelle doctrine sur les fins providentielles des malheurs dont cette vie est semée. Les impies l'entendent pour leur perte et les justes pour leur sanctification et leur salut. Cette doctrine fut admirablement développée par Saint Augustin dans son *Livre de la Cité de Dieu*. Le monde romain envahi par les Barbares venus des contrées du Nord, était poussé à une destruction complète. Nous ferions bien d'y penser pour soulager notre mémoire et nos affections à l'occasion de cette nouvelle génération de Barbares qui pullulent des bas-fonds d'une civilisation vermoulue, et qui ont juré d'exterminer une société qui les a naturellement opprimés et moralement assassinés. Cette doctrine peut se résumer entièrement dans l'image biblique placée en tête de cette *Conclusion*. Cette image n'est pas tellement propre aux ascétiques qu'elle ne puisse également s'appliquer à tous bons Chrétiens, entourés des mêmes maux. Les impies ne tirent aucun parti de ces maux qui leur sont souvent nuisibles, tandis que les Chrétiens y trouvent une source féconde de vertus, de mérites et de récompenses éternelles. Les Chrétiens sont véritablement *le lis*, par la candeur de leur innocence ou de la grâce qu'ils s'efforcent de conserver, ou de la bonne odeur qu'ils répandent autour d'eux par leurs exemples. Pour se conserver tels, ils ont besoin de rester au milieu *des épines* sans lesquelles les lis se flétriraient rapidement en perdant ce voile très-pur qui en couvre le feuillage. Les épines les protégent, les font paraître plus brillants par le contraste et par l'effet qu'elles produisent dans le figuré, mais non dans la figure, augmentant leur arrogance et leur beauté par leurs piqûres.

Puisque nous parlons d'*épines*, je ne veux pas omettre une autre image biblique qui tourne parfaitement à l'avantage de la matière traitée dans cet écrit ; et qui par cela même quoiqu'indirectement peut profiter aux bons. Si le monde croyait à cette admirable parole du Christ que les *richesses sont des épines*, l'*Internationale* ne pourrait pas exister même dans un temps éloigné. Si le monde, avec son

Idolâtrie de l'argent, peut aujourd'hui moins que jamais embrasser cette croyance, les Chrétiens sincères, épouvantés des excès auxquels cette idolâtrie les a conduits, en prendront occasion pour se fortifier dans la noble et salutaire parole de l'Évangile. Ils accepteront d'autres épines, persuadés que parmi toutes les conditions, celle d'une pauvreté modeste est la plus désirable, comme celle d'une richesse même vertueuse est la plus à redouter. Mais revenons à la première image.

Ces pages seront pour les bons un encouragement, bien que certains esprits les accusent peut-être de semer le découragement et la désolation. A mon avis, les disciples de la Vérité n'ont jamais eu d'avantage à se repaître d'illusions, ni à allumer leur courage au souffle de l'erreur. La vérité : voilà quel doit être notre unique et inébranlable fondement. Quelque désagréable et quelque douloureuse qu'elle puisse être, il vaut mieux la connaître que de se laisser aller à des promesses trompeuses. Pour le reste, si l'on interroge les choses humaines avec attention et bonne foi, on ne reçoit qu'une réponse de *mort*, personne ne peut nous empêcher d'espérer que Dieu les sauvera. Si telle n'était pas sa volonté, la corruption finale de la société déjà civilement chrétienne, pourrait avoir pour effet de se retremper et de se rajeunir par le Christianisme. Quand la société n'était pas encore socialement chrétienne, il y avait alors beaucoup plus de chrétiens qu'aujourd'hui. Dans cette situation, ils ne rencontraient aucun obstacle, ils trouvaient même toutes les occasions, toutes les facilités pour marcher dans la voie de leur sanctification, de leur perfection, de leur salut éternel : but final de l'Église et de la création. Pour parvenir à ce but, il faut distinguer ce qui est bien ou mal pour la société.

Quand donc les choses auront le développement naturel qu'elles doivent avoir, et que Dieu aura rejeté cette génération apostate, comme il a rejeté la nation juive qui a appris à la nôtre le *nolumus hunc regnare super nos*, nous ne voulons pas qu'il règne sur nous, les Chrétiens fidèles ne devront pas s'effrayer comme si tout était perdu. Il n'y aura rien de perdu tout à fait, excepté pour la société civile, en commençant par ce même appellatif de *civil*. Quant à eux, ils auront plutôt gagné. Habitués dès notre enfance à voir respecter ce que nous respectons, et entourer l'Église d'une vénération universelle, nous avons le cœur déchiré quand nous voyons les Gouvernements se faire un titre de gloire d'affaiblir cette même Église, de l'avilir et d'opprimer tout ce qui tient à la Religion. Si la première condition de tranquillité raisonnable doit amener pour nous l'exercice des vertus un peu négligées peut-être pour la paix de chaque jour, cette seconde condition de cruelle douleur donnera de la vie et de la vigueur aux vertus d'un autre ordre. Ces vertus pour être plus difficiles et pratiquées par un petit nombre n'en seront que plus brillantes et plus fécondes. Pour le moment, il n'est pas probable qu'il y ait des Catacombes et des Martyrs, quoique les gestes de la *Commune de Paris* nous en aient fait pressentir quelque chose. Du reste, dans ce cas, Dieu ne nous refuserait pas la force qu'il a accordée à nos pères. Si nous ne la sentons pas, elle nous avertit du moins que quand nous l'aurons, nous devrons la regarder comme le fruit de la grâce et non de notre nature. Les Catacombes nous font concevoir de nobles espérances, et les Supplices nous donnent des encouragements inébranlables, dignes des descendants des Martyrs, et notamment des Romains qui reçurent la Foi des Bienheureux Apôtres Pierre et Paul. Mais croire que Bismarck protége le Vatican, et le Czar l'Italie catholique, par la bonne raison que Dieu peut le faire, tout cela est de l'enfantillage, capable d'exciter le rire de celui qui en a le moins l'envie et que je crois devoir qualifier ici comme il le mérite.

Il faut croire que Dieu peut tout, pour espérer dans un avenir différent. Le terme naturel auquel doit arriver l'*Internationale* et que j'ai fait connaître, peut très-bien ne pas avoir lieu. Nous devons étudier les événements contemporains, et porter sur eux un jugement logique sans nous effrayer des conséquences douloureuses qui peuvent en résulter. C'est aussi pour nous un devoir de nous rappeler les enseignements de l'histoire. Quand il s'agit d'intervention divine, ils ne nous conduisent pas à des inductions, mais laissent la voie toujours ouverte à l'espérance. Ce n'est pas la première fois que la société chrétienne paraît perdue par des circonstances qui rendaient sa perte inévitable, Dieu cependant l'a sauvée malgré les apparences contraires et les nécessités fatales. Quand ce cas se reproduirait encore, je n'aurais aucun motif de le regretter, je devrais même m'en réjouir pour avoir démontré que la société moderne a voulu sa perte, *brûlé ses vaisseaux* et rendu son salut impossible. Voulant prouver qu'une guérison est miraculeuse (pour conclure avec la même comparaison du commencement), personne ne pourrait mieux le faire que le médecin, en prouvant que la maladie était incurable à cause de sa nature et de l'art de la médecine.

Qu'on le remarque bien : ce n'est certes pas l'Église qui est malade, mais la société formée par le Christianisme et que nous voyons agonisante. C'est tellement vrai que si les événements surviennent par les causes qui doivent les produire nécessairement, le malheur ne sera point parmi les *lis*, mais parmi les *épines*, qu'on aurait arrachées à leur grand préjudice, et afin de déchirer celui que les piqûres rendent plus beau et plus brillant. Dans cette hypothèse, l'Église ne ferait que changer d'état, passant à une situation qui n'est pas nouvelle pour elle et dans laquelle moins joyeuse peut-être, et plus sainte, elle poursuivrait laborieusement son pèlerinage sur la terre. La société, privée de ce qu'il y a de plus noble, retomberait dans cette situation telle qu'elle a été et telle qu'elle serait encore sans le Christ : un grand nombre de trompeurs et d'oppresseurs d'une part, et de l'autre des sots gémissant sous l'oppression. Les uns et les autres devenus cruels pour la sanctification des élus, mais conservés comme finissent les épines, pour être jetées au feu, *ad comburendum*. Cette parole est bien autre chose qu'une parole parlementaire ; et Celui qui l'a prononcée n'aura pas besoin pour sa réalisation de l'autorisation d'un Parlement. On pourra en rire ; c'est naturel, mais nous verrons bien qui rira le dernier.

PROMULGATION

DE LA LOI SUR L'INTERNATIONALE

EN FRANCE

On lit dans le *Journal officiel* de ce jour :

L'Assemblée nationale a adopté,

Le Président de la République française promulgue la loi dont la teneur suit :

Art. 1er. Toute association internationale qui, sous quelque dénomination que ce soit, et notamment sous celle d'Association internationale des travailleurs, aura pour but de provoquer à la suspension du travail, à l'abolition du droit de propriété, de la famille, de la patrie, de la religion ou du libre exercice des cultes, constituera, par le seul fait de son existence et de ses ramifications sur le territoire français, un attentat contre la paix publique.

Art. 2. Tout Français qui, après la promulgation de la présente loi, s'affiliera ou fera acte d'affilié à l'Association internationale des travailleurs ou à toute autre association professant les mêmes doctrines et ayant le même but, sera puni d'un emprisonnement de trois mois à deux ans et d'une amende de cinquante à mille francs. Il pourra, en outre, être privé de tous ses droits civiques, civils et de famille énumérés en l'article 42 du Code pénal, pendant cinq ans au moins et dix ans au plus.

L'étranger qui s'affiliera en France ou fera acte d'affilié sera puni des peines édictées par la présente loi.

Art. 3. La peine de l'emprisonnement pourra être élevée à cinq ans, et celle de l'amende à deux mille francs, à l'égard de tous, Français ou étrangers, qui auront accepté une fonction dans une de ces associations, ou qui auront sciemment concouru à son développement, soit en recevant ou provoquant à son profit des souscriptions, soit en lui procurant des adhésions collectives ou individuelles, soit enfin en propageant ses doctrines, ses statuts ou ses circulaires.

Ils pourront en outre être renvoyés par les tribunaux correctionnels, à partir de l'expiration de la peine, sous la surveillance de la haute police, pour cinq ans au moins et dix ans au plus.

Tout Français auquel aura été fait application du paragraphe précédent restera, pendant le même temps, soumis aux mesures de police applicables aux étrangers, conformément aux articles 7 et 8 de la loi du 3 décembre 1849.

Art. 4. Seront punis d'un an à six mois de prison et d'une amende de cinquante à cinq cents francs ceux qui auront prêté ou loué sciemment un local pour une ou plusieurs réunions d'une partie ou section quelconque des associations susmentionnées, le tout sans préjudice des peines plus graves applicables, en conformité du Code pénal, aux crimes et délits de toute nature dont auront pu se rendre coupables, soit comme auteurs principaux, soit comme complices, les prévenus dont il est fait mention dans la présente loi.

Art. 5. L'article 463 du Code pénal pourra être appliqué, quant aux peines de la prison et de l'amende prononcées par les articles qui précèdent.

Art. 6. Les dispositions du Code pénal et celles des lois antérieures auxquelles il n'a pas été dérogé par la présente loi continueront de recevoir leur exécution.

Art. 7. La présente loi sera publiée et affichée dans toutes les communes.

Délibéré en séance publique, à Versailles, le 14 mars 1872.

Le Président,
Signé : JULES GRÉVY.

Les Secrétaires,
Signé : PAUL DE RÉMUSAT, FRANCISQUE RIVE, baron DE BARANTE, ALBERT DESJARDINS, marquis COSTA DE BEAUREGARD.

Le Président de la République,
A. THIERS.

Le garde des sceaux, ministre de la justice,
J. DUFAURE.

1879. — Abbeville. — Imp. Briez C. Paillart et Retaux

www.ingramcontent.com/pod-product-compliance
Ingram Content Group UK Ltd.
Pitfield, Milton Keynes, MK11 3LW, UK
UKHW021906260726
13966UKWH00006B/1040

9 782011 929099